¡Qué bien!
An Intensive Course in Spanish for Beginners

by
JOHN JONES
Lecturer in Hispanic Studies
University of Hull

and
JOHN MACKLIN
Cowdray Professor of Spanish
University of Leeds

THE UNIVERSITY OF HULL PRESS

© John Jones and John Macklin
ISBN 0 85958 970 6

Published 1987
Reprinted 1988
Second Reprint 1989
Third Reprint 1990
Fourth Reprint 1993
Fifth Reprint 1995
Sixth Reprint 1996
Seventh Reprint 1998

All rights reserved. No part of this publication may be reproduced, stored in a retrieval system, or transmitted in any form or by any means, electronic, mechanical, photo-copying, recording or otherwise without the prior permission of The University of Hull Press.

Printed by LSL Press, Bedford

Contents

Preface	ix
Introduction: Stress and Accentuation	xi
The Sounds of Spanish	xii

UNIT ONE

Section A – Text: *Manuel y María Teresa*	3
Section B – Grammatical Structures	5
1.1. Nouns and their Gender; 1.2. Plurals of Nouns; 1.3. Verbs and their Conjugations; 1.4. The Present Indicative; 1.5. Some Irregular Presents; 1.6. The Indefinite Article; 1.7. The Definite Article; 1.8. *Ser* and *Estar*; 1.9. The Personal *a*.	
Structural Exercises	11
Section C – Language Laboratory Exercises	15
Section D – Consolidation and Development	19

UNIT TWO

Section A – Text: *La agencia de viajes*	23
Section B – Grammatical Structures	26
2.1. The Imperfect Indicative; 2.2. Adjectives – Agreement; 2.3. Adjectives – Position; 2.4. Adverbs; 2.5. Negation; 2.6. Interrogation; 2.7. Exclamations; 2.8. Possessive Adjectives.	
Structural Exercises	31
Section C – Language Laboratory Exercises	34
Section D – Consolidation and Development	38

UNIT THREE

Section A – Text: *Los pasatiempos de Manuel y María Teresa*	43
Section B – Grammatical Structures	45
3.1. Weak Object Pronouns; 3.2. Cardinal Numbers; 3.3. The Preterite; 3.4. The Imperfect and the Preterite; 3.5. Demonstrative Adjectives; 3.6. Demonstrative Pronouns.	
Structural Exercises	50
Section C – Language Laboratory Exercises	53
Section D – Consolidation and Development	57

UNIT FOUR

Section A – Text: *María Teresa va de compras*	63
Section B – Grammatical Structures	66
4.1. Weak Reflexive Object Pronouns; 4.2. Strong Personal Pronouns; 4.3. Ordinal Numbers; 4.4. Days of the Week; 4.5. Months of the Year; 4.6. Dates; 4.7. Time.	
Structural Exercises	70
Section C – Language Laboratory Exercises	73
Section D – Consolidation and Development	76

UNIT FIVE

Section A – Text: *Andalucía*	81
Section B – Grammatical Structures	84
5.1. The Future Tense; 5.2. The Conditional Tense; 5.3. Possessive Adjectives and Pronouns; 5.4. The Neuter Article *lo*; 5.5. Uses of the Definite Article; 5.6. Uses of the Indefinite Article; 5.7. The Relative Pronouns; 5.8. The Relative Adjective.	
Structural Exercises	88
Section C – Language Laboratory Exercises	91
Section D – Consolidation and Development	95

UNIT SIX

Section A – Text: *Por tierras de España*	99
Section B – Grammatical Structures	102
6.1. The Gerund; 6.2. The Progressive Tenses; 6.3. The Past Participle; 6.4. The Perfect Tense; 6.5. The Pluperfect Tense; 6.6. The Past Anterior; 6.7. Other Compound Tenses; 6.8. Other Ways of Rendering the Perfect and Pluperfect.	
Structural Exercises	106
Section C – Language Laboratory Exercises	109
Section D – Consolidation and Development	113

UNIT SEVEN

Section A – Text: *La España musulmana*	119
Section B – Grammatical Structures	123
7.1. Radical-Changing Verbs; 7.2. Radical Changes in the Present Tense; 7.3. Radical Changes in the Preterite Tense; 7.4. Radical Changes in the Gerund; 7.5. Radical Changes in Some Irregular Verbs; 7.6. The Passive Voice.	
Structural Exercises	126
Section C – Language Laboratory Exercises	129
Section D – Consolidation and Development	132

UNIT EIGHT

Section A – Text: *Felipe II*	137
Section B – Grammatical Structures	141
8.1. The Present Subjunctive; 8.2. The Perfect Subjunctive; 8.3. The Use of the Subjunctive in Subordinate Clauses; 8.4. The Imperative.	
Structural Exercises	145
Section C – Language Laboratory Exercises	148
Section D – Consolidation and Development	152

UNIT NINE

Section A – Text: *La España moderna*	159
Section B – Grammatical Structures	165
9.1. The Imperfect Subjunctive; 9.2. The Pluperfect Subjunctive; 9.3. Uses of the Imperfect and Pluperfect Subjunctives; 9.4. Conditional Sentences; 9.5. Comparatives and Superlatives.	
Structural Exercises	169
Section C – Language Laboratory Exercises	172
Section D – Consolidation and Development	175

UNIT TEN

Section A – Text: *El mundo hispánico*	181
Section B – Grammatical Structures	185
10.1. *Por* and *para*; 10.2. Diminutives and Augmentatives; 10.3. Orthography–Changing Verbs; 10.4. Verbs Governing Prepositional Objects.	
Structural Exercises	189
Section C – Language Laboratory Exercises	193
Section D – Consolidation and Development	197

Preface

Recent developments in the pattern of teaching Spanish in schools and universities have created a category of student who requires a rapid, intensive, yet solid course in the language as a prelude to continuing his or her studies to a higher level, frequently involving integration with a group of already advanced students. The present course, although it is naturally adaptable to a variety of purposes, was designed primarily to meet the needs of this particular group. Based on many years' experience of teaching first-year undergraduates, it aims to combine, in a profitable manner, new and traditional methods.

In preparing the course, the authors have been mindful of the need to provide students with a sound basis of grammar without overloading them with too much detail at an early stage. The teacher may, in fact, offer amplification where it is deemed necessary. The course does not therefore set out to replace existing grammars, but is constructed upon the belief that a sound mastery of the basic structures of the language is an essential foundation for deeper and more detailed study. Original graded passages of Spanish have been specifically prepared in order to attune the student to modern, correct Spanish, and at the same time, some of the passages aim to introduce students to Spain, her history and her culture. Considerable emphasis is placed on oral and written skills and the student is encouraged to use the language from an early stage in the course. For more detailed information on grammar the student is advised to consult one of the well-known grammars e.g. H. Ramsden, *An Essential Course in Modern Spanish* (Nelson), to which the present authors are indebted. It is also recommended that the student acquire a good dictionary, e.g. Colin Smith (ed.), Collins *Spanish–English, English–Spanish Dictionary*.

It is the authors' belief that the present work is both a complete and self-contained course in itself and at the same time will provide the student with the necessary knowledge and confidence to pursue further the study of Spanish at a higher level.

The course is divided into ten units, and, for students concentrating solely on learning Spanish, each unit corresponds ideally to one week's work. Section A provides a text and glossary, Section B grammatical structures and exercises, Section C language laboratory exercises, and Section D aims to develop and consolidate what has been learned thus far. It takes the form of a dialogue followed by various composition and comprehension exercises. Sections A, C and D, as well as the introductory sections on the sounds of Spanish, are also recorded on tapes which accompany the course and can be ordered from:

>¡*Qué bien!* (Tapes)
>Department of Hispanic Studies
>The University of Hull
>Hull HU6 7RX
>England

>¡Qué bien! – Stancall

A series of eight disks comprising four CALL (Computer Assisted Language Learning) programs is available from the University of St. Andrews to complement the present text. For further description and information write to:

>STANCALL
>Department of Spanish,
>The University of St. Andrews,
>Fife KY16 9AL

The authors would like to acknowledge the generosity of the Instituto de España in London and the Research Fund of the University of Hull in providing financial assistance towards the publication of the course. The Spanish National Tourist Board kindly provided many of the photographs contained in the text. Our thanks are also due to the many friends and colleagues who have commented on various drafts, in particular, Jack Flint, Tony Heathcote, Alex Longhurst, Christine Whitbourn, Mike Thompson, Nereida Congost, Isabel Martín, Maite San Román, as well as to the students of European Studies I (1985/6) on whom the pre-publication draft was tried and tested. Finally, we owe a great debt of gratitude to Karen Tipper, Secretary of the Department of Hispanic Studies, who typed the different versions with characteristic efficiency, helpfulness and good humour. ¡Qué bien!

The University of Hull	JAJ
July 1986	JJM

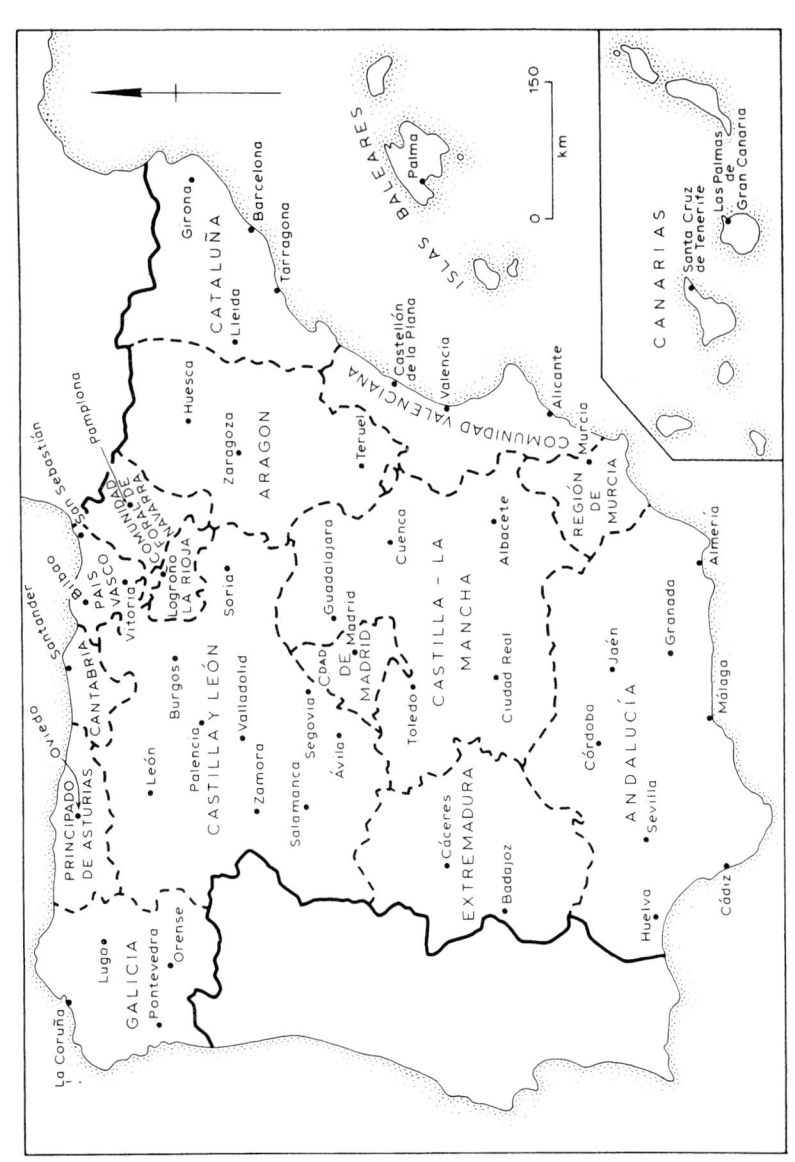

España — Las autonomías

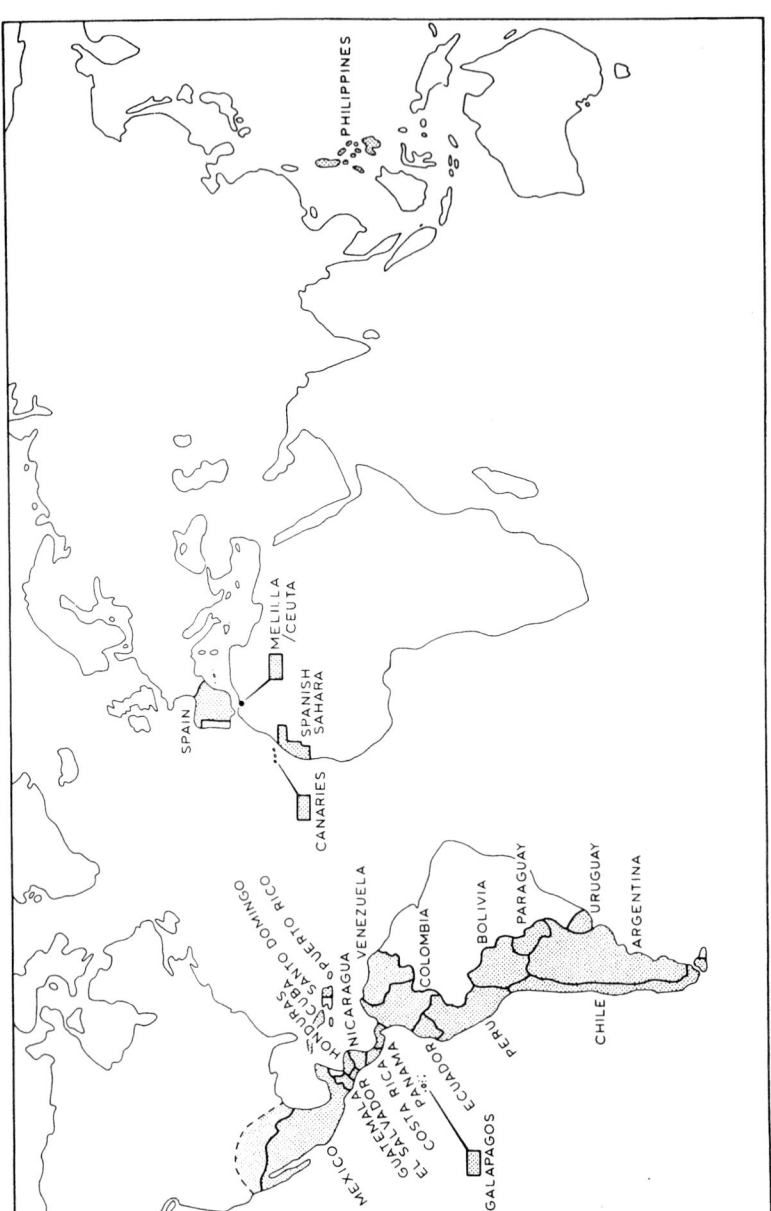

Los países de habla española

INTRODUCTION

Before proceeding to the course itself, the student will need to have a basic knowledge of the sounds of Spanish and of the rules governing stress and accentuation. This introduction is intended as a guide for the beginner.

Stress and Accentuation

There are three basic rules governing stress in Spanish:
(i) In words of more than one syllable, the stress falls on either the penultimate or the last syllable.
(ii) If the word ends in a vowel, **n** or **s**, the stress is on the penultimate syllable.
(iii) If the word ends in any other consonant, the stress falls on the last syllable.

Any variation in stress from this basic pattern has to be indicated in writing by an accent.

Examples: Trujillo   Hernández
           trabaja   está
           calle   lámpara
           Madrid   autobús
           esposa   inglés

The student should note that **a**, **o** and **e** are strong vowels and **i** and **u** are weak vowels; therefore combinations of these have implications for stress and accentuation:
(a) combinations of **a**, **e** and **o** are counted as separate syllables and therefore the normal rules of accentuation apply e.g. *poema, faena*;
(b) combinations of **u** and **i** form a single syllable (a diphthong) and the stress is on the second of the two e.g. *ruido, viuda*;
(c) a combination of weak and strong vowels forms a single syllable and the stress falls on the strong vowel e.g. *hacienda, flauta*. Where the weak vowel is stressed, an accent is required e.g. *día, llovía, actúa*.

The Sounds of Spanish

Spanish is a language in which sounds are pronounced exactly as they are written. Therefore, once the few basic principles of pronunciation are mastered, the student could pronounce any word he sees, known or not. The Spanish alphabet is the same as the English with the exception that there is no **w**, and **ch**, **ll**, **ñ** and **rr** are treated as separate letters. We do not give rough English equivalents as this could be misleading. Students should listen to the accompanying tape to hear the pronunciation of the following words which cover most cases of interest to the beginner:

A. Vowels:

a	:	Manuel, está, pasa, casa, madre.
e	:	en, de, ella, come, leche.
i	:	piso, Madrid, salir, ir, interés.
o	:	como, vino, moreno, foto, orden.
u	:	su, instituto, autobús, púrpura, uno.

B. Consonants:

b, v : (i) bata, voz, envío, hombre, bueno (initial position, after **n** and **m**).
      (ii) avión, lobo, iba, estaba, polvo (elsewhere).

c : (i) cinco, cenit, cenicero, ciento, decente (before **i** or **e**).
      (ii) poco, cano, barco, caro, público (elsewhere). Cf. producción, sección (both sounds).

ch : leche, chico, charanga, noche, fecha.

d : (i) dar, balde, mandar, donde, grande (initial, after **m**, **n** or **l**).
      (ii) Madrid, dificultad, miedo, verdad, padre (elsewhere).

f : fama, famoso, flor, elefante, efecto.

g : (i) gente, coger, gitano, elegir, girar (before **e** or **i**).
      (ii) grato, pagar, gracias, lago, golpe (elsewhere).

h : hombre, harto, cohete, historia, ahuyentar.

j : jota, Juan, naranja, Tajo, ojo.

k : kilo, kilómetro.

l : león, lobo, polaco, olvidar, lindo.

ll : llamar, muelle, calle, llover, olla.

m : mapa, Madrid, mamá, momento, jamón.

n	:	no, con, pan, nabo, nacer.
ñ	:	niño, señor, mañana, paño, leña.
p	:	papa, policía, pegar, lámpara, pollo.
q	:	querer, paquete, quien, que, queso.
r, rr	:	(i) cara, corte, puerta, comprar, oral.
		(ii) Ramón, río, ropa, rincón, respeto.
		(iii) perro, ferrocarril, cerrar, corral, Contrarreforma.
s	:	pasa, mesa, rosca, semana, salir.
t	:	tu, tiene, pata, chocolate, templado.
x	:	(i) examen, léxico, auxilio, éxito, taxi.
		(ii) excitar, excelente, exposición, expreso, expulsar.
y	:	yo, ya, mayor, raya, hoyo.
z	:	zorro, zarzuela, arzobispo, zarpa, zanja.

UNIT ONE

UNIT ONE

Section A
Text

Manuel y María Teresa

Manuel Hernández Trujillo trabaja en una agencia de viajes. La agencia está en la Calle de Alcalá, una de las principales calles de Madrid. Como todos saben, Madrid es la capital de España. Manuel vive en el barrio de Argüelles con su esposa María Teresa. María Teresa es profesora de inglés en el "Instituto San Isidro". Tienen un piso pequeño pero cómodo. Todos los días van al trabajo en autobús. Al mediodía comen en un restaurante económico en el centro de la ciudad. Por la noche María Teresa prepara la cena en casa. Normalmente toman un vaso de vino con la cena.

Notes:

1. **Manuel Hernández Trujillo**: Spaniards take the name both of their father and their mother. In this case Hernández is the father's name and Trujillo the mother's.
2. **al**: normal contraction of **a** (meaning *to*) plus the definite masculine article **el**. Similarly, the preposition **de** (meaning *of*) plus the definite masculine article gives **del**.

GLOSSARY

trabajar, *to work*
en, *in*
la agencia de viajes, *travel agency*
el viaje, *journey*
estar, *to be*

la calle, *the street*
principal, *main*
de, *of*
como, *as*
todos, *everyone*

saber, *to know*
la capital, *the capital*
vivir, *to live*
el barrio, *district*
con, *with*
la esposa, *wife*
ser, *to be*
la profesora, *teacher*
inglés, *English*
el instituto, *secondary school*
tener, *to have*
el piso, *flat*
pequeño, *small*
pero, *but*
cómodo, *comfortable*
el día, *day*
ir, *to go*
el trabajo, *work*

el autobús, *bus*
el mediodía, *midday*
comer, *to eat*
el restaurante, *restaurant*
económico, *inexpensive*
el centro, *centre*
la ciudad, *city*
la noche, *night*
por la noche, *at night*
preparar, *to prepare*
la cena, *dinner*
la casa, *house*
en casa, *at home*
normalmente, *normally*
tomar, *to take*
el vaso, *glass*
el vino, *wine*

Calle de Alcalá — Madrid

Palacio Real — Madrid *(courtesy of Frank Park)*

UNIT ONE

Section B
Grammatical Structures

1.1. Nouns and their Gender

All nouns in Spanish are either masculine or feminine:

Masculine	Feminine
niño	niña
muchacho	muchacha
coche	leche
hombre	mujer
árbol	dificultad
amor	habitación

Students should acquire the habit of learning a noun together with its article. Although experience will help to identify gender, the following general guidelines may be found helpful in the early stages:

(i) Nouns ending in -o are masculine. Exceptions: *la mano, la radio*.
(ii) Nouns ending in -a are feminine. Exceptions:
    (a) words of Greek origin ending in -**ma**:
        el poema, el problema.
    (b) words which denote male beings: *el cura, el artista, el guardia*.
    (c) the following nouns: *el día, el tranvía, el planeta, el mapa, el cometa*.
(iii) Nouns ending in -e can be either masculine or feminine: *la leche, el hombre*.
(iv) Nouns with the following endings are feminine:
    (a) -**ión**: *la nación, la lección*. Exceptions: *el avión, el camión, el gorrión*.
    (b) -**dad**: *la universidad, la unidad*.
    (c) -**tad**: *la dificultad, la facultad*.

(d) **-tud**: *la plenitud, la virtud.*
(e) **-umbre**: *la muchedumbre, la vislumbre.*
(f) **-ie**: *la planicie, la superficie.* Exception: *el pie.*

1.2. Plurals of Nouns

The plural of a noun is formed in Spanish by:
(a) adding -s to nouns ending in a vowel,
(b) adding -es to nouns ending in a consonant:
    viaje   viajes
    agencia   agencias
    restaurante restaurantes
    español   españoles
    profesor   profesores

Note the following:
(i) Nouns ending in a stressed **i** add **-es**:
    Examples: rubí – rubíes
                    jabalí – jabalíes
(ii) Nouns ending in unstressed vowel plus **s** are invariable:
    Examples: lunes – lunes
                    dosis – dosis
(iii) Nouns which end in a stressed vowel plus consonant do not require a written accent in the plural as the stress falls naturally on the penultimate syllable:
    Examples: lección – lecciones
                    inglés   – ingleses

1.3. Verbs and their Conjugations

There are three conjugations in Spanish:
(i) First conjugation – verbs ending in **-ar** e.g. *hablar, comprar.*
(ii) Second conjugation – verbs ending in **-er** e.g. *beber, vender.*
(iii) Third conjugation – verbs ending in **-ir** e.g. *vivir, escribir.*

1.4. The Present Indicative

Subject Pronouns	1st Conjugation	2nd Conjugation	3rd Conjugation
yo (*I*):	hablo (*I speak, am speaking etc.*)	bebo	vivo
tú (*you*):	hablas	bebes	vives
él/ella/usted (*he/she/you*):	habla	bebe	vive
nosotros /-as (*we*):	hablamos	bebemos	vivimos
vosotros /-as (*you*):	habláis	bebéis	vivís
ellos/ellas/ustedes (*they/you*):	hablan	beben	viven

The following points should be noted:
(i) The subject pronoun (i.e. **yo**, **tú**, **ellos**, etc.) is in many cases not expressed in Spanish, the person being indicated by the verb ending.
(ii) **You**: there are two forms of the second person in Spanish, the familiar and the polite. The familiar form – e.g. singular **hablas**, plural **habláis** – was until recently reserved for close relatives, friends of one's own age, children, though its use has now become much more widespread. The polite form – e.g. singular **habla**, plural **hablan** – is more formal. It is usual to express the polite second-person subject pronouns: **usted** (singular), **ustedes** (plural). **Usted** is usually abbreviated in writing to **Ud.** or **Vd.** and **ustedes** to **Uds.** or **Vds.**

1.5. Some Irregular Presents

There are several irregular verbs in Spanish. These are verbs which do not follow the standard pattern of the verbs listed in 1.4, but as it happens they are verbs which are in frequent use. The principal irregular forms will be indicated at appropriate points in the course, and the following present tenses will be particularly useful from an early stage:

ir	*tener*	*venir*	*decir*	*querer*
voy	tengo	vengo	digo	quiero
vas	tienes	vienes	dices	quieres
va	tiene	viene	dice	quiere
vamos	tenemos	venimos	decimos	queremos
vais	tenéis	venís	decís	queréis
van	tienen	vienen	dicen	quieren

The following are irregular in the first person:

dar	:	doy	*salir*	:	salgo	*valer*	: valgo
hacer	:	hago	*caber*	:	quepo	*traer*	: traigo
poner	:	pongo	*saber*	:	sé	*caer*	: caigo
oír	:	oigo					

1.6. The Indefinite Article: *un, una*

Un is used before a masculine noun.
Una is used before a feminine noun.

Examples:
un viaje	una agencia
un piso	una calle
un día	una noche
un restaurante	una cena

Note:

The plural forms **unos, unas**, are used with the sense of *some*:
Examples: unos días después
unas mujeres

1.7. The Definite Article: *el, los; la, las*

El is used before a masculine singular noun.
Los is used before a masculine plural noun.
La is used before a feminine singular noun.
Las is used before a feminine plural noun.

Examples:
el viaje	los viajes	la cena	las cenas
el barrio	los barrios	la noche	las noches
el centro	los centros	la calle	las calles
el vaso	los vasos	la profesora	las profesoras

Note:

Where a feminine noun begins with a stressed vowel **a**, **el** is used instead of **la**, e.g. *el ala, el agua*. This does not mean that the gender (e.g. for the purposes of adjective agreement) changes.

1.8. Ser and Estar

In Spanish there are two verbs **to be**:

Ser	Estar
soy	estoy
eres	estás
es	está
somos	estamos
sois	estáis
son	están

The distinction between **ser** and **estar**, having no equivalent in English, is often a source of difficulty for students of Spanish. There are admittedly some problematical areas. However, in the vast majority of cases the choice to be made between the two verbs is quite clear.

The following are the most important uses:

(i) **ser** is used:
    (a) with a noun complement:
        El es un hombre.
        Ella es una mujer.
        Madrid es la capital de España.
    (b) with an adjective indicating an intrinsic quality:
        Pilar es buena.
        La casa es grande.
        Pilar y Manuel son españoles.

(ii) **estar** is used:
    (a) to indicate position:
        La casa está aquí.
        Manuel y su mujer están en el banco.
    (b) with an adjective indicating a state:
        Estoy malo.
        Juan está contento.

1.9. The Personal *a*

As well as meaning *to*, the preposition **a** in Spanish must be used before a direct object noun referring to a specific person:
    Maite llama a Manuel.
    El profesor manda a los alumnos a la biblioteca.

It is not used, however, where the noun refers to an indeterminate person:
>Busco un jardinero;

or after **tener**:
>Tengo dos hijos.

UNIT ONE

Section B
Structural Exercises

1. Supply the definite and indefinite articles of the following words:

   Example: *mesa*
   la mesa
   una mesa

   agencia   profesora
   viaje   calle
   capital   coche
   barrio   jardín
   esposa   cine
   trabajo   teatro
   instituto   hombre
   piso   mujer
   día   niño
   autobús   hijo
   restaurante   hija
   centro   padre
   ciudad   madre
   vaso   abuelo

2. Put the following nouns into the plural:

   Example: *la casa*
   las casas

   la calle   la planicie
   el hijo   el alumno
   el artista   el coche
   el español   la agencia

el inglés
la escuela
la porción
el amor
el poeta
la pared

la madre
la facilidad
el pie
el garaje
la paloma
el sistema

3. Put the following nouns into the singular:

Example: *unos edificios, un edificio*
          las camisas, la camisa

los viajes
las botas
los zapatos
unas españolas
unos mapas
las muchedumbres
los gorriones
los poemas
las distancias
los escritores

las profesoras
las ciudades
los árboles
las tías
los cines
los restaurantes
los vasos
unas manzanas
los guerrilleros
unos anuncios

4. Supply the correct form of the verb:

Example: *él (salir)*
           él sale

yo (trabajar)
él (llamar)
nosotros (comer)
Ud. (comprar)
ellos (vender)
tú (enseñar)
vosotros (partir)
yo (tener)
ella (dar)
Uds. (ir)

nosotros (ir)
tú (beber)
él (tener)
Uds. (hablar)
vosotros (vivir)
ellos (viajar)
tú (tener)
ella (partir)
nosotros (dar)
yo (estar)

él (ser)
Uds. (estar)
nosotros (aprender)
ellos (estudiar)
tú (subir)
vosotros (tener)
Ud. (mandar)
yo (dar)
vosotros (ir)
ellos (curar)

5. Put the following verbs into the singular:

Example: *ayudan*
ayuda

bebemos	damos	vivís
están	parten	tenemos
sois	habláis	curáis
tienen	partimos	enseñan
llamamos	estudian	viajáis

6. Put the following verbs into the plural:

Example: *llego*
llegamos

doy	eres	compro
tienes	soy	bebes
habla	parte	tengo
voy	estudias	vas
está	sube	manda

7. Supply **ser** or **estar** as appropriate in the following sentences:

Example: *Maite ... profesora*
Maite es profesora

(i) Madrid ..... la capital de España.
(ii) El éxito ..... al alcance de todos.
(iii) Manuel ..... en la agencia de viajes.
(iv) María Teresa ..... profesora de inglés.
(v) El coche de Manuel y María Teresa ..... en el garaje.
(vi) El piso ..... en el barrio de Argüelles.
(vii) El restaurante ..... cerca del banco.
(viii) Manuel ..... un hombre inteligente.
(ix) La agencia ..... en la Calle de Alcalá.
(x) La Calle de Alcalá ..... una de las principales calles de Madrid.
(xi) María Teresa ..... la esposa de Manuel.
(xii) El Instituto San Isidro ..... un instituto muy bueno.
(xiii) Los alumnos ..... en el aula.
(xiv) ..... un vaso de vino.
(xv) Los padres de Manuel ..... en Toledo.

8. Supply **ser** or **estar** as appropriate with the following adjectives:

Example: *La cafetería . . . . . muy grande.*
           La cafetería es muy grande.

(i)   El periódico de hoy . . . . . interesante.
(ii)   Los hijos de Gonzalo . . . . . perezosos.
(iii) Mi madre . . . . . contenta hoy.
(iv)   El piso de Manuel y Maite . . . . . pequeño.
(v)   La película . . . . . muy aburrida.
(vi)   La comida . . . . . fría.
(vii) El español no . . . . . muy difícil.
(viii) El juguete de Pedro . . . . . roto.
(ix)   Los plátanos que compra Isabel no . . . . . maduros.
(x)   La camisa de Juan . . . . . limpia.

UNIT ONE

Section C
Language Laboratory Exercises

1. Pronounce the following words:

(i)	Hernández	hijo	vapor	costumbre
	Fernández	hija	visita	bravo
	Rodríguez	hilo	violento	bobo
		harto	vivir	lobo
			vivacidad	robar
(ii)	zapato	zorro	mover	cabo
	zapatero	zumbar	enviar	
	zaguán	zurcir		
	zanahoria	zona	(vii) dificultad	lealtad
			Madrid	ataúd
(iii)	jota	juego	verdad	
	jamón	jornal		
	jarra	jabón	(viii) España	empeñar
			niño	uña
(iv)	gigante	geografía	niña	puño
	general	Gibraltar	pequeño	doña
	gente	gitano		
			(ix) restaurante	mercado
(v)	calle	llama	rubio	grande
	talle	llamar	rojo	gritar
	muelle	llover	roto	grillo
	hallar	lluvia	rosa	dardo
	taller	llano	Ramón	tarde
	valle	lleno	comer	barrio
			hablar	burro
(vi)	vaso	bata	vivir	perro
	vino	barato	comprar	carro
	viento	hombre	vender	barro
	valor	bota	decir	

2. Put the following words into the plural:

Example: *el hombre*
los hombres

la ciudad	la lección	el coche
el piso	la madre	el jardín
la facilidad	el hijo	el autobús
el vaso	la agencia	la capital
el martes	el barrio	el alumno

3. Put the following words into the singular:

Example: *los hombres*
el hombre

las estaciones	los barrios	las dosis
los teatros	los trabajos	los gorriones
las ciudades	las calles	las botas
los padres	las casas	las tías
las abuelas	los esposos	los árboles

4. Give the plural forms of the following verbs:

Example: *compro*
compramos

hablo	llamo	das
bebes	vendes	voy
parte	tiene	sube
soy	mando	vives
está	viajo	trabajo

5. Give the singular forms of the following verbs:

Example: *escribimos*
escribo

estamos	partís	vamos
vivimos	tienen	bebéis
damos	estudiamos	llaman
vendéis	subís	comemos
compran	viven	somos

6. Supply **ser** or **estar** as appropriate in the following sentences:

Example: *La mujer . . . . . inglesa*
          La mujer es inglesa

(i)   El banco . . . . . en el centro de la ciudad.
(ii)   Manuel . . . . . francés.
(iii) El vaso . . . . . lleno de vino.
(iv)   María . . . . . muy guapa hoy.
(v)   Las casas . . . . . fuera de Madrid.
(vi)   Los chicos . . . . . muy inteligentes.
(vii) Los tíos de Juan . . . . . de Toledo.
(viii) Los tíos de Juan . . . . . en Toledo.
(ix)   La Calle Mayor . . . . . una calle estrecha.
(x)   Teresa . . . . . en la estación del Norte.
(xi)   Madrid . . . . . en el centro de España.
(xii) No hay clase porque el profesor . . . . . enfermo.
(xiii) La puerta de la casa . . . . . verde.
(xiv) El vino . . . . . bueno para la salud.
(xv)   Juan Carlos . . . . . el rey de los españoles.

7. Supply the correct form of the verb:

Example: **comer** – *Los niños . . . . . chocolate*
          Los niños comen chocolate

(i)   **tener**   – Yo . . . . . un hijo.
(ii)   **hablar**   – Los chicos . . . . . español.
(iii) **beber**   – Nosotros . . . . . vino todos los días.
(iv)   **comprar** – La madre . . . . . patatas para la cena.
(v)   **ser**   – Vosotros . . . . . profesores.
(vi)   **ir**   – Yo . . . . . a Madrid.
(vii) **dar**   – Nosotros . . . . . clases en el instituto.
(viii) **tener**   – Los alumnos . . . . . buenos profesores.
(ix)   **trabajar** – Manuel . . . . . en una agencia de viajes.
(x)   **dar**   – Tú . . . . . un vaso de vino a María.

8. Repeat the following sentences:

(i) El barrio de Argüelles es un barrio atractivo.
(ii) Manuel Hernández Trujillo trabaja en una agencia de viajes.
(iii) El profesor es un señor amable.
(iv) Los autobuses esperan en la parada.
(v) La política de España presenta rasgos interesantes.
(vi) La economía del país está en un estado malo.
(vii) Hoy día la gente viaja con frecuencia.
(viii) En Madrid comemos en restaurantes económicos.
(ix) Los alumnos estudian en el colegio.
(x) Manuel es moreno y María Teresa es rubia.

UNIT ONE

Section D
Consolidation and Development

María Teresa está delante de su clase en el instituto. La mayoría de las clases de María Teresa son de inglés pero da también unas clases de temas generales para la formación de los alumnos. Hoy habla de la familia.

MARÍA TERESA: Hoy vamos a hablar de la familia, que es un tema de mucho interés para todos vosotros. Muchas personas creen que la familia es la base de la sociedad. Por otra parte, hay quien opina que el matrimonio, y por consiguiente la familia tal como la conocemos ahora, son cosas pasadas de moda. Desde luego, en muchos países de Europa el divorcio aumenta de día en día. Sin embargo, yo estoy convencida de que la familia constituye un elemento fundamental en la sociedad. Juan, ¿quieres hablar de tu familia?

JUAN: Muy bien, señora. Pues, somos cinco: mi padre, mi madre, mi hermana mayor, Carmen, mi hermano menor, Luis, y yo.

MARÍA TERESA: Bien. Tu familia es bastante típica.

JUAN: También vive con nosotros mi abuela que ya es muy mayor. Tengo muchos familiares en Bilbao y en Murcia que son las ciudades natales de mis padres.

MARÍA TERESA: Muy bien, muchas gracias, Juan. ¿Vas a visitar a tus familiares a menudo?

JUAN: Sí, normalmente pasamos las vacaciones de verano en Murcia – no en la ciudad sino en la región de Murcia, en la playa. Vamos a Bilbao con menos frecuencia pero en cambio ellos vienen a Madrid varias veces al año y a veces pasan las Navidades con nosotros.

Exercises

(1) Dictation:
La familia González vive en Madrid. Madrid es la capital de España. El señor González trabaja en un banco. Su mujer es profesora en un instituto. Tienen tres hijos, dos chicos y una chica. Cuando llega el verano la familia González va de vacaciones a la playa donde hace mucho sol. Normalmente pasan un mes allí.

(2) Write a short essay entitled *Mi familia*.

UNIT TWO

UNIT TWO

Section A
Text

La agencia de viajes

Manuel sale de su casa para ir al trabajo. Coge el autobús en la parada en frente de la casa. Cuando llega el autobús Manuel sube, paga al cobrador y coge su billete. Su compañero de oficina está ya en el autobús y Manuel charla con él durante el viaje. Su amigo Carlos es un hombre alto y delgado, un poco serio y de edad avanzada. Es soltero. Cuando era joven, pasaba todas sus vacaciones en el extranjero y, por lo tanto, conoce muchos países del mundo, y es un empleado de gran experiencia a quien todos respetan en la oficina por lo mucho que sabe. Manuel y Carlos llegan a la oficina, saludan a los otros empleados y empiezan a trabajar.

    Después de un rato llega el primer cliente. Es una señorita joven, bonita y risueña. Carlos dice:

– Buenos días, señorita. ¿Qué desea Ud?

– Soy estudiante de inglés en la Universidad de Madrid y tengo que seguir un curso de verano en Inglaterra. Quisiera obtener detalles sobre los vuelos "charter". Mi amiga me asegura que el año pasado salía un vuelo Dan-Air todos los viernes de Barajas.

– Pues no, señorita. Ya no hay vuelo los viernes, pero sí hay vuelos de Iberia los miércoles con descuentos para estudiantes, así que el precio resulta más o menos igual.

– Estupendo. Muchas gracias. ¿Quiere darme un horario por favor? Tengo que hablar con mi amiga porque vamos a viajar juntas. Volveré con ella mañana. Adiós.

– Adiós, señorita, y hasta mañana.

Notes:

1. **su**: possessive adjective meaning *his*.
2. **un poco**: *rather, a little*. Before a noun it requires the preposition **de**, e.g. *un poco de pan*. **Poco** itself means *few* and is the opposite of **mucho**, e.g. *pocas personas, muchas personas*.
3. **en el extranjero**: *abroad*. To be abroad is **estar en el extranjero**; *to go abroad* is **ir al extranjero**. **En** is for position in, **a** for motion towards. Cf. *ir a la escuela, estar en la escuela*.
4. **conocer-saber**: the two verbs *to know* in Spanish. Generally speaking **saber** is to know facts, **conocer** is to know people. Cf. *sabe que estoy aquí, conoce a mi madre* (**a** is the personal **a** required before a noun direct object referring to a person or persons).
5. **por lo mucho que sabe**: *for the amount that he knows*; **lo** plus the masculine singular adjective denotes an abstract quality, e.g. *lo bueno, lo malo, lo bello, lo moderno* (*What is good*, etc.).
6. **a quien**: *whom*. Note the use of the personal **a**.
7. **gran**: apocopation of **grande** which takes place when the adjective precedes a noun, e.g. *una gran fiesta*.
8. **empiezan**: *they begin*; **empezar** is a radical-changing verb, which will be discussed in a later unit (7.1.).
9. **primer**: in common with **uno, alguno, ninguno, bueno, malo** and **tercero, primero** drops the final **o** when it precedes a masculine singular noun.
10. **quisiera**: the Imperfect Subjunctive form, used in Spanish to express the English *I should like to* . . . .
11. **me**: weak object pronoun, English *me*. It precedes the verb except with the Infinitive and Gerund forms.
12. **Barajas**: the name of Madrid Airport.
13. **pues**: may express the English *then, well, well then, so* and may be used adverbially for different purposes, e.g. to express doubt, **pues, no sé**: *well . . . I don't know*, or to give emphasis to a point, e.g. **pues sí/no**: *well yes/no*. It may also be used as a conjunction to express the English *since*, e.g. **compramos el libro, pues tenemos dinero**: *we buy the book since we have money*.
14. **hay**: special form which expresses *there is, there are*.
15. **resulta**: from **resultar**, which may be used as an alternative to **ser** in phrases such as **si resulta verdadero**: *if it is (turns out to be) true*.
16. **¿quiere darme?**: **querer** with the infinitive is used in Spanish as an equivalent of the English *would you please?*
17. **volveré**: the first-person future tense of **volver**: *to return*.
18. **The dash**: used in Spanish to introduce direct speech.

Plaza Mayor — Madrid (courtesy of Frank Park)

Museo del Prado — Madrid   *(courtesy of Frank Park)*

GLOSSARY

salir, *to go out*
para, *in order to*
coger, *to catch*
la parada, *bus-stop*
en frente de, *opposite*
subir, *to get into* (lit. *to go up*)
pagar, *to pay*
el cobrador, *conductor*
coger el billete, *to get one's ticket*
el compañero, *companion*
la oficina, *office*
charlar, *to chat*
durante, *during*
el amigo, *friend*
alto, *tall*
delgado, *thin*
serio, *serious*
la edad, *age*
avanzado, *advanced*
el soltero, *bachelor*
joven, *young*
pasar, *to pass, spend*
las vacaciones, *holidays*
por lo tanto, *therefore*
el país, *country*
el mundo, *world*
el empleado, *employee*
respetar, *to respect*
otro, *another*
saludar, *to greet*
después de, *after*
el rato, *a short while*
el cliente, *customer*
la señorita, *Miss, young lady*

bonito, *pretty*
risueño, *smiling*
decir, *to say*
buenos días, *good morning*
desear, *to want, desire*
el estudiante, *student*
la universidad, *university*
tener que, *to have to (+ Inf.)*
seguir, *to follow*
el curso de verano, *summer course*
obtener, *to obtain*
el detalle, *detail*
sobre, *about*
el vuelo, *flight*
asegurar, *to assure*
el año, *year*
pasado, *last (lit. past)*
el viernes, *Friday*
ya no, *no longer*
el miércoles, *Wednesday*
el descuento, *discount*
así que, *so that*
el precio, *price*
más o menos, *more or less*
igual, *equal, the same*
estupendo, *marvellous*
gracias, *thanks*
el horario, *time-table*
por favor, *please*
junto, *together*
mañana, *tomorrow*
adiós, *good-bye*
hasta, *until*

UNIT TWO

Section B
Grammatical Structures

2.1. The Imperfect Indicative

	1st Conjugation	2nd Conjugation	3rd Conjugation
yo:	hablaba (*I was speaking, I used to speak etc.*)	bebía	vivía
tú:	hablabas	bebías	vivías
él, ella, Ud:	hablaba	bebía	vivía
nosotros/-as:	hablábamos	bebíamos	vivíamos
vosotros/-as:	hablabais	bebíais	vivíais
ellos, ellas, Uds:	hablaban	bebían	vivían

NOTE: There are only three irregular imperfects in Spanish:

ser	ir	ver
era	iba	veía
eras	ibas	veías
era	iba	veía
éramos	íbamos	veíamos
erais	ibais	veíais
eran	iban	veían

2.2. Adjectives – Agreement

Adjectives agree in number and gender with the nouns they qualify. The following guidelines should be noted:

(i) Adjectives whose masculine singular ends in -o change to -a for the feminine:
Examples: bueno – buena
bonito – bonita
caro – cara

The plural of both genders is obtained by adding -s to the singular:
Examples: buenos – buenas
bonitos – bonitas
caros – caras

(ii) Adjectives ending in -e are invariable and therefore may describe masculine and feminine nouns:
Example: el coche verde
la casa grande
el niño inteligente

The plural is obtained by adding -s e.g. *los coches verdes*.

(iii) Adjectives which indicate geographical origin and whose masculine singular ends in a consonant:
Examples: inglés
francés
cordobés

The feminine is formed by adding -a e.g. *inglesa, francesa, cordobesa*, and, for the plural, -es is added to the masculine singular and -s to the feminine singular e.g. *ingleses, franceses, cordobeses, inglesas, francesas, cordobesas*. It will be noted that such adjectives have a small initial letter in Spanish. This also applies to the equivalent name of the language and of the inhabitants of the country:
un francés – a Frenchman
el francés – French

(iv) Adjectives whose masculine singular ends in a consonant but which do not indicate geographical origin:
Example: fácil
elemental
locuaz

These are invariable and therefore have the same form for the feminine e.g. *un niño locuaz, una niña locuaz*. For the plural, add -es to the singular form e.g. *fáciles, elementales, locuaces*.

Note:
The *th* sound in Spanish is represented by z before a, o, and u, and by c before i and e. Hence the changes from z to c in **locuaz** > **locuaces**.

2.3. Adjectives – Position

As a general rule, the student should note that adjectives usually follow the nouns they qualify. However, a certain amount of variation is possible e.g. for purposes of style or emphasis, and this will be learned through experience. The following points will help from the start:

(i) Adjectives which have a limiting rather than descriptive function are always placed before their nouns:
Examples: tres libros   (cardinal number)
           mucho dinero (quantity)
           ¿qué hombre? (interrogative *qué*)

(ii) The ordinal numbers and adjectives such as **bueno**, **malo**, **pequeño**, **joven**, **viejo** are more usually used before their nouns:
Examples: la segunda vez
           una buena comida
           el viejo soldado

Note:

Certain adjectives change their meaning depending on whether they are placed before or after the noun:
Examples: un pobre hombre – unfortunate
           un hombre pobre – without money
           una casa vieja   – old
           su vieja casa   – former

2.4. Adverbs

In many cases, adverbs are formed by adding **-mente** to the feminine singular of the corresponding adjective:

heroico   heroica   heroicamente
difícil   difícil   difícilmente
rápido   rápida   rápidamente

Note:
(i)   If the adjective has an accent, this is retained in the adverb.
(ii) In cases in which two or more adverbs come together **-mente** is added only to the last one, the others being indicated simply by the feminine singular form of the adjective:
      El hombre trabaja rápida, enérgica y eficazmente.
(iii) Note that adverbs may be avoided in the following ways:
      frecuentemente – con frecuencia
      cuidadosamente – de una manera cuidadosa
      The adverb may thus be replaced by **con** with the corresponding noun, by **de una manera**, **de un modo** with an adjective.

2.5. Negation

(i) The verb is immediately preceded by **no** or **nunca, jamás, tampoco, ni, ni siquiera, nadie, nada, ninguno/a**:
    nunca come
    ni siquiera lee
    jamás viene
    nadie quiere
    tampoco duerme
    nada ocurre

(ii) All of these negative forms (except **no**) may be placed after the verb but **no** must then precede the verb:
    no come nunca   no duerme tampoco
    no viene jamás   no ocurre nada

(iii) It is possible to use more than one of these negatives in a sentence, placing one before the verb and the others after it. If, however, they all follow the verb, **no** must precede it:
    Ella nunca compra nada   Ella no compra nunca nada

2.6. Interrogation

In Spanish the simplest form of interrogation is achieved through the inversion of the subject and verb. In all cases Spanish questions are indicated by enclosing the question within interrogation marks:

Examples: ¿Habla Ud. español?   ¿Van las señoras en coche?
                   ¿Bebían los hombres el vino? ¿Mando yo?

In some cases, only part of a sentence is a question in the strict sense. In such cases, the opening inverted interrogation is placed at the appropriate point:
Example: Además de español ¿qué otros idiomas habla usted?

Interrogative Words

Interrogative words in Spanish are also used as relatives and conjunctions. When they are used as interrogatives, they must carry a written accent:

¿qué? *what? which?* ¿cuándo? *when?*
¿quién? ¿cómo? *how?*
(pl. ¿quiénes?) *who? whom?* ¿por qué? *why?*
¿dónde? *where?* ¿cuánto? (-a, -os, -as) *how much? how many?*
¿adónde? *to where?* ¿cuál? (pl. ¿cuáles?) *which?*

Examples:
¿Quién trabaja aquí? ¿Cuándo sale el tren?
¿Qué hace Ud? ¿Cómo funciona la máquina?
¿Adónde vamos? ¿Por qué aprende Ud. inglés?
¿Cuánto vale? ¿Qué tal?

Such words also carry accents in implied questions:
Examples: No sé dónde vive.
Me pregunto quién es el ladrón.

2.7. Exclamations

In exclamations, an inverted exclamation mark precedes the sentence in Spanish, just as an inverted question mark precedes a question:
¡Qué bien! ¡Cuánto llueve!
¡Olé!

2.8. Possessive Adjectives

The possessive adjectives in Spanish agree with the nouns possessed. The gender of the possessor is irrelevant:

Singular	*Plural*	
mi	mis	*my*
tu	tus	*your*
su	sus	*his*, *her*, *your* (referring to **usted**)
nuestro,/-a	nuestros,/-as	*our*
vuestro,/-a	vuestros,/-as	*your*
su	sus	*their*, *your* (pl. referring to **ustedes**)

Examples: mi libro sus plumas
tu chaqueta vuestros padres
nuestra madre nuestras vacaciones

UNIT TWO

Section B
Structural Exercises

1. Put the following verbs into the imperfect:

Example: *lloran*
          lloraban

compro	habláis	quiere	llegáis
vende	salimos	trabajas	emplea
parten	soy	saludan	estamos
doy	están	resulta	deseo
vamos	tengo	aseguramos	obtenemos

2. Make the following adjectives agree with their nouns:

Example: *casa (blanco)*
          casa blanca

hombres (alto)   ciudad (hermoso)
señorita (delgado)   actriz (renombrado)
intención (malo)   porción (pequeño)
señora (inglés)   jardín (bonito)
fiestas (andaluz)   colegios (español)
restaurantes (económico)   poema (interesante)
cena (estupendo)   mujer (moreno)
pisos (cómodo)   universidad (francés)
tren (rápido)   vida (feliz)
hijas (mayor)   agencia (importante)

3. Put the following into the plural:

Example: *el tren francés*
            los trenes franceses

        el hombre nuevo   un cuadro bonito
        la muchacha morena   el oficial inglés
        un perro gordo   una lección fácil
        la ventana rota   el idioma difícil
        el coche caro   el agua clara

4. Put the following into the singular:

Example: *los alumnos inteligentes*
            el alumno inteligente

        las luchas feroces   unas españolas ricas
        animales salvajes   los matrimonios felices
        los coches verdes   niños malos
        unos viajes rápidos   las máquinas baratas
        caballeros altos   relojes rotos

5. Supply the appropriate possessive adjectives:

Example: *El libro de Juan*
            Su libro

        La cartera que tú tienes
        Tu cartera

(i)   La chaqueta de Manolo.
(ii)   Los guantes de Isabel.
(iii)   Los ejercicios que hacemos.
(iv)   El coche de usted.
(v)   Las cosas que tenéis.
(vi)   La idea que yo tengo.
(vii)   El dinero que tú tienes.
(viii)   Los documentos de ellos.
(ix)   Las preocupaciones del director.
(x)   Las palabras que yo digo.

6. Turn the following sentences into the negative:

Example: *Las chicas fuman*
           Las chicas no fuman

(i)   El es inglés.
(ii)   Sé dónde está.
(iii) Carlos compra un reloj barato en la tienda.
(iv)   Salimos a merendar.
(v)   Ellos luchan heroicamente.
(vi)   Saludan al profesor todos los días.
(vii) Los domingos vamos al parque.
(viii) Teresa era profesora de inglés.
(ix)   ¿Quieres salir ahora?
(x)   Los padres tienen muchos hijos.

7. Supply the adverb of the following adjectives:

Example: *enérgico*
           enérgicamente

serio	económico	justo	eficaz
estupendo	fácil	horrible	eficiente
junto	difícil	ligero	normal
risueño	relativo	completo	puntual
cómodo	propio	sencillo	cuidadoso

UNIT TWO

Section C
Language Laboratory Exercises

1. Pronounce the following words:

(i)   casa   misericordia
      pasa   miseria
      masa   piso
      tasa   liso
      rosa   mesa
      soso   pésimo

(ii)   Manuel   fuego
       nuez   rueda
       juez   suelo
       pues   cuerda
       después   duerme
       ruego   Cuenca

(iii) coger   regeneración
       regir   degenerar
       sugerir   digerir
       colegir   dirigir
       régimen   litigio
       registrar   prestigio

(iv) autobús   Austria
       automóvil   flauta
       paulatino   raudo
       pauta   naútico
       pausa   bautizar
       causa   tautológico

(v) edad   avanzada
    parada   cobrador
    mojado   delgado
    comprado   empleado
    emocionada   universidad
    jornada   crudo
    saludar   menudo
    todos   conocido

(vi) compañero   baño
     niño   caño
     ñoño   antaño
     puño   paño
     leñador   regañar
     empeñar   desengaño

2. Put the following verbs into the imperfect:

Example: *arreglo*
           arreglaba

    canto   voy   partís
    somos   pasáis   vendemos
    beben   vamos   sale
    compra   son   llegamos
    vemos   estoy   tengo

3. In the following sentences, put the verb into the imperfect and the nouns into the plural:

Example: *La caja está vacía*
           Las cajas estaban vacías

(i) La madre está aquí todos los días.
(ii) Compramos un vestido largo.
(iii) El empleado saluda al cliente.
(iv) No quiere trabajar en la oficina.
(v) El estudiante paga al cobrador y sube al autobús.
(vi) Sale un vuelo todos los domingos.
(vii) El inglés habla con el español.
(viii) La mujer nunca compra nada.
(ix) ¿Cómo funciona la máquina?
(x) ¿Adónde van con el perro?

4. Make the following adjectives agree with their nouns:

Example: caja (vacío)
           caja vacía

vuelos (económico)   invención (científico)
mujeres (alto)   soldado (español)
casa (grande)   comidas (andaluz)
joven (delgado)   concurso (interesante)
chicas (inteligente)   estudios (avanzado)
fiestas (estupendo)   vacaciones (largo)
costumbre (moderno)   señora (soltero)
cielo (azul)

5. Change the following adjectives into adverbs:

Example: pobre
           pobremente

risueño   eficaz   respetuoso
rápido   detallado   puntual
fácil   detenido   cuidadoso
económico   lento   esmerado
serio   estupendo   emocionado

6. Make the following sentences negative and turn the verb into the imperfect:

Example: Los niños lloran
           Los niños no lloraban

(i)   Manuel está en la agencia.
(ii)   María Teresa prepara la comida.
(iii) Los vuelos son económicos.
(iv)   Los empleados trabajan mucho.
(v)   Los niños corren en el jardín.
(vi)   Las señoras compran en el mercado nuevo.
(vii) Los alumnos estudian.
(viii) Los libros son caros.
(ix)   Estoy en la biblioteca.
(x)   Carlos escribe muchas cartas.

7. Answer the following questions in the form of a complete sentence:

Example: ¿Qué compra la madre de Juan?   (legumbres)
          La madre de Juan compra legumbres.

(i)   ¿De qué estación sale el tren?   (Atocha)
(ii)   ¿Quién es el amigo de Pedro?   (Juan)
(iii) ¿Adónde van las mujeres?   (la ciudad)
(iv)   ¿Quiénes viven en esta casa?   (unos ingleses)
(v)   ¿Habla Ud. español?   (Sí)
(vi)   ¿Cómo van las señoras a la ciudad?   (en coche)
(vii) ¿Cuándo estudia el alumno?   (por la mañana)
(viii) ¿Cuánto trabaja el cobrador?   (mucho)
(ix)   ¿Por qué saluda Juan a Pedro?   (es su amigo)
(x)   ¿Cuándo hay vuelos para Londres?   (los viernes)

8. Repeat the following sentences:

(i)   Mariana es una señorita joven y bonita.
(ii)   Juan nunca hacía nada, ni siquiera leía.
(iii) La chica no conoce a la madre de Juan.
(iv)   Tengo que seguir un curso de verano en Inglaterra.
(v)   Los domingos no ocurría nada en este pueblo.
(vi)   La Universidad de Madrid es muy grande.
(vii) Carlos es soltero pero dicen que tiene novia.
(viii) Tengo que ir al extranjero todos los años.
(ix)   Manuel compraba tabaco en la tienda de su amigo.
(x)   No hay ningún descuento para estudiantes en el verano.

UNIT TWO

Section D
Consolidation and Development

Conchita y Merche están en su dormitorio y hablan de su proyectado curso de verano en Inglaterra.

MERCHE: ¿Qué información tienes de la agencia de viajes sobre los vuelos a Londres?
CONCHITA: Pues, aquí tengo el horario. El señor dice que ya no hay vuelos los viernes pero que sí hay vuelos de Iberia los miércoles con descuentos para estudiantes.
MERCHE: ¡Qué bien! Así que podemos arreglarlo mañana. ¿Tienes los detalles del curso ahí?
CONCHITA: Sí, aquí tengo unos folletos, uno de la Universidad de Londres, otro de Cambridge y otro de Hull. Esta última no me suena, pero parece muy bonita según las fotos del folleto.
MERCHE: No hay mucha diferencia entre los cursos ¿verdad? ¿Cuál prefieres?
CONCHITA: Como es de esperar, el de Cambridge es muy caro y el de Hull es el más económico pero teniendo en cuenta el viaje en tren desde Londres a Hull no hay gran diferencia en el importe total.
MERCHE: Como ya conocemos Londres y Cambridge ¿qué te parece si vamos a Hull?
CONCHITA: Muy bien. De acuerdo. Vamos a ver lo que dice el folleto. El curso dura tres semanas y comprende clases de lengua, literatura y cultura. Hay clases en el laboratorio de lenguas y conferencias en inglés sobre varios temas. También hay excursiones a sitios cercanos de interés turístico: Beverley, York, Lincoln. Las clases tienen lugar en la Universidad y los alumnos se alojan en las residencias universitarias de Cottingham que está a unos kilómetros de distancia fuera de la ciudad. Sí, parece que tienes razón. Vamos a Hull.

MERCHE: Pues mañana vamos a la agencia de viajes para reservar los billetes y ahora mismo podemos escribir a Hull pidiendo las hojas de inscripción.

Exercises

(1) Comprehension:

    (i) ¿Dónde estaban Conchita y Merche?
    (ii) ¿De qué hablaban?
    (iii) ¿Cuándo había vuelos a Londres?
    (iv) ¿Cuántos cursos había?
    (v) ¿Había mucha diferencia entre los cursos?
    (vi) ¿Cuál de los cursos era el más caro?
    (vii) ¿Cuánto duraba el curso de Hull?
    (viii) ¿Qué tipos de clases había?
    (ix) ¿Dónde se alojaban los alumnos?
    (x) ¿Para qué tenían que escribir a Hull?

(2) Write a short essay entitled *El curso de verano*.

UNIT THREE

UNIT THREE

Section A
Text

Los pasatiempos de Manuel y María Teresa

Manuel y María Teresa tienen varios pasatiempos a los que se dedican en sus ratos libres. Los dos hacen deporte. En el invierno juegan a los bolos, mientras que en el verano juegan al tenis. Ambos son aficionados al fútbol – como espectadores, por supuesto – y los domingos en que hay partido van al Estadio Santiago Bernabéu a ver al Real Madrid. Además, como todos los españoles, son muy aficionados también al cine y normalmente van dos veces por semana. A pesar de la televisión los cines en España están muy concurridos, sobre todo los domingos. Sin embargo, a Manuel y a María Teresa no les gusta ir al cine durante el fin de semana porque prefieren actividades al aire libre. Por ejemplo, si el tiempo lo permite, uno de sus pasatiempos preferidos es ir a la sierra donde hacen largas caminatas tanto en verano como en invierno. Además de participar juntos en estas actividades, a Manuel le gusta ir a bañarse a la piscina mientras que María Teresa pertenece a una escuela de equitación y con frecuencia va a montar a caballo. Manuel y María Teresa también suelen leer bastante. A Manuel le entusiasma la política y está al día en la actualidad política no sólo de España sino también de Europa en general. Por su parte, a María Teresa, como profesora, le interesa la buena literatura y lee libros de poesía, ensayos y novelas.

Cuando Manuel y María Teresa eran estudiantes en la Universidad de Madrid, donde se conocieron, hicieron amistades con muchos de sus compañeros de curso, amistades que aún mantienen en Madrid y en otros sitios de España. Por lo tanto, algunas veces cuando las escuelas están de vacaciones van en coche a visitar a algún que otro amigo en provincias. Como vemos, para Manuel y María Teresa la vida está llena de actividades interesantes, y disfrutan al máximo de su tiempo libre.

Notes:

1. **no les gusta**: **gustar** means *to be pleasing*. Thus if we wish to say *I like tea* the literal translation of the Spanish is *Tea is pleasing to me*: **me gusta el té**. Cf. *le gusta nadar, no les gusta salir los domingos, no me gustan las novelas románticas.*
2. **soler**: *to be accustomed to*. This verb followed by an infinitive indicates repeated or habitual action. It (like **jugar, preferir** in the passage) is radical-changing. Examples: *Suelo dormir mucho, solía trabajar mucho.*

GLOSSARY

el pasatiempo, *pastime*
dedicar, *to devote*
libre, *free*
el deporte, *sport*
el invierno, *winter*
jugar, *to play*
mientras que, *whereas*
el verano, *summer*
ambos, *both*
el aficionado, *fan*
el espectador, *spectator*
por supuesto, *naturally*
el domingo, *Sunday*
el partido, *match*
el estadio, *stadium*
además, *moreover*
también, *also*
el cine, *cinema*
la vez, *time*
la semana, *week*
a pesar de, *despite*
concurrido, *busy*
sobre todo, *especially*
sin embargo, *nevertheless*
el fin de semana, *weekend*
preferir, *to prefer*
la actividad, *activity*
al aire libre, *outdoors*
por ejemplo, *for example*
el tiempo, *weather*
permitir, *to permit*

la sierra, *mountain range*
largo, *long*
la caminata, *walk*
tanto ... como, *both ... and*
bañarse, *to bathe*
la piscina, *swimming pool*
pertenecer, *to belong*
la escuela, *school*
la equitación, *horse-riding*
con frecuencia, *frequently*
montar a caballo, *to ride*
soler, *to be accustomed to*
leer, *to read*
bastante, *a lot (lit. enough)*
la política, *politics*
estar al día, *to keep up with*
el conocimiento, *knowledge*
la actualidad, *current situation*
no sólo ... sino, *not only ... but*
por su parte, *for her part*
la novela, *novel*
romántico, *romantic*
ávido, *keen*
el estudiante, *student*
hacer amistades con, *to make friends with*
el sitio, *place*
el coche, *car*
la provincia, *province*
lleno, *full*
disfrutar de, *to enjoy*
al máximo, *to the utmost*

El Estanque — Parque del Retiro — Madrid

(courtesy of Frank Park)

Vista de las sierras *(courtesy of Frank Park)*

UNIT THREE

Section B
Grammatical Structures

3.1. Weak Object Pronouns

Weak object pronouns, direct and indirect, are pronouns which in Spanish cannot stand apart from the verb, and in most cases immediately precede it.

Subject Pronoun	Direct Object Pronoun	Indirect Object Pronoun
yo	me	me
tú	te	te
él	lo, le	le
ella	la	le
usted	lo, le, la	le
nosotros/-as	nos	nos
vosotros/-as	os	os
ellos	los, les	les
ellas	las	les
ustedes	los, les, las	les

Examples: No me ve.   Les escribo las cartas.
          Nos conocía.   Mi madre las busca.
          ¿Quién te saluda?   Los compraba en la tienda.

The following points should be noted.
(i) It is quite common for **le** or **les** to be found instead of **lo** or **los** when used of persons.
(ii) If a direct and an indirect object pronoun come together, the indirect object pronoun comes first:
     Me lo dice.
     Nos las enseñaba.

(iii) If two third-person pronouns or a third-person and second-person polite pronoun come together, the indirect object (**le** or **les**) becomes **se**:
        Se lo decía.
        Se las da.

(iv) Weak object pronouns are attached to the infinitive and gerund:
        Era imposible encontrarlas.
        Vendiéndolo (*note need for stress accent*).

However, when an infinitive or gerund is governed by a verb, the object pronoun may either precede the governing verb or be attached to the infinitive or gerund:

Examples: lo quiere comprar   – quiere comprarlo
                 la estaban escribiendo – estaban escribiéndola
                 lo voy a hacer   – voy a hacerlo

3.2. Cardinal Numbers

uno, una	once
dos	doce
tres	trece
cuatro	catorce
cinco	quince
seis	dieciséis
siete	diecisiete
ocho	dieciocho
nueve	diecinueve
diez	veinte

Before a masculine singular noun **uno** is apocapated to **un-**: *un vaso, un hombre, un año*. All the others are invariable in form, up to two hundred:

veintiuno, -a	ochenta
veintidós	noventa
treinta	cien, ciento
cuarenta	ciento uno, una
cincuenta	ciento dos
sesenta	ciento veinte
setenta	ciento cuarenta y tres

doscientos, -as
trescientos, -as
cuatrocientos, -as
quinientos, -as
seiscientos, -as
setecientos, -as
ochocientos, -as

novecientos, -as
mil
mil uno, una
dos mil
cien mil
un millón
dos millones

3.3. The Preterite

	1st Conjugation	*2nd Conjugation*	*3rd Conjugation*
yo:	hablé (*I spoke, etc.*)	bebí	viví
tú:	hablaste	bebiste	viviste
él, ella, Ud.:	habló	bebió	vivió
nosotros/-as:	hablamos	bebimos	vivimos
vosotros/-as:	hablasteis	bebisteis	vivisteis
ellos, ellas, Uds.:	hablaron	bebieron	vivieron

Irregular Preterites:
ir: fui fuiste fue fuimos fuisteis fueron
ser: fui fuiste fue fuimos fuisteis fueron
estar: estuve estuviste estuvo estuvimos estuvisteis estuvieron
tener: tuve tuviste tuvo tuvimos tuvisteis tuvieron
saber: supe supiste supo supimos supisteis supieron
hacer: hice hiciste hizo hicimos hicisteis hicieron
dar: di diste dio dimos disteis dieron
ver: vi viste vio vimos visteis vieron
decir: dije dijiste dijo dijimos dijisteis dijeron
poner: puse pusiste puso pusimos pusisteis pusieron
traer: traje trajiste trajo trajimos trajisteis trajeron
poder: pude pudiste pudo pudimos pudisteis pudieron

3.4. The Imperfect and the Preterite

It is often difficult for non-native speakers of Spanish to decide when to use the imperfect and when to use the preterite for the translation of a past tense in English. For example, *I studied* could be either **estudié** or **estudiaba** depending on the context. Consider the following examples:

Estudié el problema ayer.
Estudiaba mucho cuando era joven.

The preterite, in general, refers to a specific, completed action with the implication that this is restricted to a particular time, whereas the imperfect refers more to duration of action, the time limits of which tend to be imprecise and may contain the implication of repeated or habitual action. Sometimes this distinction can be quite subtle, but in most cases it should be quite clear. Compare the following pairs of sentences:

(i) Hablé con el cartero cuando trajo las cartas.
Hablaba con el cartero todas las mañanas cuando traía las cartas.
(ii) Cuando fui de vacaciones me acompañó mi esposa.
Cuando iba de vacaciones me acompañaba mi esposa.
(iii) Lo supe cuando leí el periódico.
Lo sabía pero no quería decirlo.
(iv) ¿Qué hacías cuando te llamó por teléfono?
¿Qué hiciste con el libro que te presté?

3.5. Demonstrative Adjectives

este	esta	estos	estas	: *this*	*these*
ese	esa	esos	esas	: *that*	*those*
aquel	aquella	aquellos	aquellas	: *that*	*those*

Note:

There are two forms in Spanish for the English *that*. Although very often the difference in the use of **ese** or **aquel** is slight, it should be remembered that **aquel** denotes greater remoteness than **ese** in relation to both speaker and the person addressed, and in relation to time.

Examples: este libro
ese libro de Ud.
aquel libro de mi hermano
aquellos días de mi juventud
Note that demonstrative adjectives precede the nouns they qualify.

3.6. Demonstrative Pronouns

éste	ésta	éstos	éstas
ése	ésa	ésos	ésas
aquél	aquélla	aquéllos	aquéllas

The following points should be noted:
(i) The pronoun is distinguished from the adjective by the written accent.
(ii) The differences in the use of **ése** and **aquél** are, in general terms, the same as those for the corresponding demonstrative adjectives.
(iii) **Éste, aquél** and their related forms may be used as equivalents of the latter and the former:
   Juan y Carlos son estudiantes. Este estudia mucho pero aquél no.
(iv) In addition to the above forms, note the following neuter pronouns:
   esto – *this*   eso – *that*   aquello – *that*
   Neuter pronouns, of which there are no plural forms, are not used to refer to specific nouns or tangible objects but to some abstract statement or idea: e.g. *eso es imposible*. Note that once again the same distinction is made between **eso** and **aquello** as has been noted above for **ese, aquel, ése, aquél**.

UNIT THREE

Section B
Structural Exericises

1. Replace all object nouns in the following sentences by pronouns:

Example: *Pedro come el chocolate*
Pedro lo come

(i) Juan compra los billetes.
(ii) Los muchachos estudian las lenguas.
(iii) Las mujeres compran vino.
(iv) El hijo no contestó a las cartas.
(v) Conozco las canciones de Portugal.
(vi) El embajador y el cónsul acompañaron a la reina.
(vii) Conocí a mi mujer en Madrid.
(viii) Terminé la lección ayer.
(ix) Tú y tu amigo estáis esperando el autobús.
(x) Los hijos siempre quieren a los padres.

2. Change the following verbs into the preterite:

Example: *soy*
fui

comprabas	cantas	cocinaban	escribe
voy	digo	llega	sales
habla	dicen	hago	estudiaban
hacemos	veías	sé	parto
dais	iban	sabían	conocen

3. Double each of the following numbers:

Example: *siete*
          catorce

uno	doscientos
nueve	ciento veinte
trece	setenta
dieciocho	cincuenta
veinte	cien
tres	mil
diez	cuatrocientos cincuenta
quince	un millón
diecinueve	cuatrocientos
treinta	treinta y cinco

4. In the following sentences, turn the demonstrative adjectives into the singular, making consequent changes in nouns and verbs:

Example: *Estas bicicletas son nuevas*
          Esta bicicleta es nueva

(i) Estos libros son de Juan.
(ii) Esos alumnos estudian mucho.
(iii) Aquellas casas son nuevas.
(iv) Estos señores visitan la fábrica.
(v) Esos vuelos son económicos.
(vi) Aquellos cursos eran interesantes.
(vii) Esos coches son bonitos.
(viii) Estos vinos valen mucho.
(ix) Esos asuntos son muy importantes.
(x) Esas refinerías producen gran cantidad de petróleo.

5. In the following sentences, turn the demonstrative adjectives into the plural, making consequent changes in nouns and verbs:

Example: *Este sombrero es ancho*
          Estos sombreros son anchos

(i) Esta propiedad es de mi padre.
(ii) Ese empleado trabaja mucho.
(iii) Aquel restaurante pertenecía al Sr. Gómez.

(iv) En esta ciudad hay mucho paro.
(v) Aquel día fue muy feliz.
(vi) Ese señor trabaja en la agencia.
(vii) Este empleado era muy eficiente.
(viii) Aquel autobús fue a Cibeles.
(ix) Este chico es el hijo del Sr. González.
(x) En ese país existía mucha discordia.

6. In the following sentences, put the verbs into the preterite and the nouns into the plural:

Example: *La niña llora*
           Las niñas lloraron

(i) El chico está sentado en el banco.
(ii) ¿Conoce Ud. a mi padre?
(iii) La chica es muy joven.
(iv) El español bebe más vino; el inglés bebe más té.
(v) El hombre nace, vive y lucha.
(vi) El cartero me habla de su trabajo.
(vii) El alemán conoce este país muy bien.
(viii) La estación estaba en la calle más sucia de la ciudad.
(ix) El profesor compra un coche nuevo.
(x) Esta señora estudia inglés pero aquélla estudia francés.

7. In the following sentences, put the verb into the present and the nouns into the singular:

Example: *Los autobuses llegaron tarde*
           El autobús llega tarde

(i) Los hombres comieron temprano.
(ii) Los ingleses participaron en el campeonato.
(iii) Los periódicos fueron censurados.
(iv) Las chicas salieron para el baile.
(v) Los alumnos estudiaron la lección.
(vi) Las fábricas no abrieron durante la huelga.
(vii) Los ministros asistieron al congreso.
(viii) Los profesores dieron las conferencias.
(ix) Los aviones aterrizaron en el aeropuerto.
(x) Los establecimientos permanecieron abiertos.

UNIT THREE

Section C
Language Laboratory Exercises

1. Put the following verbs into the preterite:

Example: *escriben*
           escribieron

   estoy   tiene   es
   vemos   sabéis   voy
   hacen   encontramos   salgo
   somos   conozco   vale
   das   viven   compran

2. Halve the following numbers:

Example: *dos*
           uno

   ciento dos
   treinta y cuatro
   dos mil
   sesenta y ocho
   quinientos treinta
   cien mil
   cincuenta y dos
   dos mil ochocientos setenta y cuatro
   ochenta y seis
   catorce
   dos
   mil novecientos cincuenta y seis
   noventa
   dieciocho
   setecientos veintidós

3. Add seven to the following numbers:

Example: *quince*
          veintidós

veinte	trescientos once
treinta y seis	setenta
ciento uno	cien
mil	un millón
mil setecientos ochenta y seis	noventa y nueve
mil novecientos ochenta y uno	seiscientos trece
quinientos	mil uno
novecientos	ochocientos ochenta y ocho
cuatro	mil cuatrocientos noventa y dos
cuarenta y nueve	setecientos once

4. Answer the following questions, replacing the object nouns with object pronouns:

Example: *¿Trae los libros Ernesto?*
          Sí, Ernesto los trae

(i)   ¿Compra los tomates la Sra. de Gómez?
(ii)   ¿Estudia Juan la lección?
(iii) ¿Saluda Manuel a sus compañeros?
(iv)   ¿Habla María Teresa a sus alumnos?
(v)   ¿Enseñan español aquí?
(vi)   ¿Compran vestidos las chicas?
(vii) ¿Lee Juan el libro?
(viii) ¿Abre la puerta el portero?
(ix)   ¿Te habla Carmen?
(x)   ¿Os traen regalos?

5. In the following sentences, put the verbs in the preterite and the nouns in the plural:

Example: *El autobús sale de la estación*
          Los autobuses salieron de las estaciones

(i)   Tenía un amigo que vivía en una casa bonita.
(ii) El marido trabajaba en el jardín y la mujer iba de compras.
(iii) Nuestro vecino va a la fábrica.

(iv) Me molesta el ruido.
(v) El profesor está enfermo y no da la clase.
(vi) El cartero llega muy temprano.
(vii) Este muchacho no sabía hacerlo.
(viii) El médico examina la herida que sufre el conductor.
(ix) El empleado discute con su jefe.
(x) Aquel soldado es muy valiente.

6. Turn the following sentences into questions, making the verbs preterites:

Example: La criada lava los platos
           ¿Lavó la criada los platos?

(i) Juan compra el coche.
(ii) Esta señora va al mercado.
(iii) Estos zapatos son caros.
(iv) Ese vuelo tiene descuento.
(v) El avión llega tarde.
(vi) El camarero me trae la cerveza.
(vii) Aquellos señores salen en coche.
(viii) El gobierno termina la sesión.
(ix) Esa orquesta recorre muchos países.
(x) Esta película es interesante.

7. Answer the following questions in the negative:

Example: ¿Aprobó Juan los exámenes?
           No, Juan no aprobó los exámenes

(i) ¿Murió ese señor el año pasado?
(ii) ¿Fue difícil el examen?
(iii) ¿Tuvo éxito ese torero?
(iv) ¿Está Antonio en casa?
(v) ¿Abre el banco los sábados?
(vi) ¿Ibais al cine cuando estabais en Madrid?
(vii) ¿Venden ustedes esta clase de galletas?
(viii) ¿Fue interesante la conferencia?
(ix) ¿Son ésos los lápices de Juan?
(x) ¿Me oyes desde ahí?

8. Repeat the following sentences:
(i) Nací en mil novecientos cuarenta y siete.
(ii) Hablé con el policía que vio el accidente.
(iii) Este señor es inglés y aquél es francés.
(iv) Aquellos libros ya no son útiles. Estos son mucho mejores.
(v) La juventud de hoy tiene más oportunidades para viajar.
(vi) La familia es el núcleo de la sociedad actual.
(vii) Cuando Manuel sube al autobús, paga al cobrador y coge su billete.
(viii) Los padres de Pedro le dieron un coche nuevo.
(ix) Los estudiantes tuvieron que estudiar durante el verano.
(x) Los precios nunca bajan, siempre suben. Así es la vida.

UNIT THREE

Section D
Consolidation and Development

Cuando llegó el fin de semana, Manuel y María Teresa hicieron los preparativos para su visita a Toledo.

MARÍA TERESA: De camino a la estación podemos ir al banco para sacar más dinero, o ¿es que tenemos suficiente? Tú gastaste bastante ayer cuando salimos con Fernando e Isabel.
MANUEL: Pues aquí en mi cartera tengo unas diez mil pesetas y el hotel lo podemos pagar con mi tarjeta de crédito o con un cheque. Con que si te parece bien no hace falta ir al banco. ¿De acuerdo?
MARÍA TERESA: Muy bien. Vamos directamente a la estación. El tren sale a las ocho así que si pedimos un taxi para las siete, nos da tiempo a sacar los billetes y tomar un café antes de subir al tren.
MANUEL: También quiero informarme sobre el viaje de vuelta ya que el domingo hay partido aquí y no me lo quiero perder.
MARÍA TERESA: Ya hice la maleta esta mañana, y quiero traer algunas cositas, pero caben fácilmente en un bolso.

* * *

Por la mañana Manuel y María Teresa viajaron a Toledo. Era una mañana espléndida de sol. Llegaron al hotel sobre las diez.

EMPLEADO: Buenos días.
MANUEL: Buenos días. Soy el señor Trujillo. La semana pasada reservé por teléfono una habitación doble con baño para hoy.
EMPLEADO: Vamos a ver. Les tenemos reservada la habitación número veintitrés. ¿Tienen los señores mucho equipaje?
MANUEL: No. Sólo una maleta pequeña y un bolso.
EMPLEADO: Se los subimos inmediatamente. Aquí está su llave.

MANUEL: Muchas gracias. Vamos a ver la habitación y luego vamos a salir en seguida porque sólo disponemos de un par de días y hay mucho que ver.

* * *

Manuel y María Teresa salieron a dar un paseo por las calles estrechas y antiguas de Toledo. Visitaron la iglesia de San Juan de los Reyes, y la casa del Greco. En la iglesia de Santo Tomé vieron uno de los cuadros más famosos del Greco, *El entierro del conde de Orgaz*. Disfrutaron tanto que no se dieron cuenta de la hora y cuando Manuel miró el reloj era la hora de comer. Fueron a un restaurante y escogieron una mesa al aire libre.

CAMARERO: Buenos días, señores. ¿Qué desean Uds.? (*les enseñó la carta*). Mientras deciden, ¿quieren algún aperitivo?
MANUEL: Sí, por favor. Para mí, un jerez y para mi mujer un vermut con un poco de hielo. Y de tapas, boquerones y unas aceitunas.
MARÍA TERESA: Tengo bastante hambre. De primero quiero una tortilla española, y después riñones al jerez. Y tú, Manuel, ¿qué vas a tomar?
MANUEL: Voy a empezar con tortilla francesa y para seguir quiero pollo asado con ensalada y algunas patatas fritas. De beber, una botella de tinto.

De postre Manuel y María Teresa tomaron macedonia de frutas y un café. Descansaron un poco y luego continuaron su recorrido de Toledo. Pasaron la tarde visitando El Alcázar y haciendo unas compras. Por la noche cenaron en el hotel y dieron un paseo corto antes de acostarse. El domingo fueron a misa a la grandiosa catedral y pasaron la mañana allí porque había mucho que ver. Después de un almuerzo ligero en el hotel, pagaron la cuenta y regresaron a Madrid con tiempo de sobra para ir al partido al Estadio Bernabéu.

Exercises:

1. Put the following extract from the text into the present tense:

De postre Manuel y María Teresa tomaron macedonia de frutas y un café. Descansaron un poco y luego continuaron su recorrido de Toledo. Pasaron la tarde visitando El Alcázar y haciendo unas compras. Por la noche cenaron en el hotel y dieron un paseo corto antes de acostarse. El

Vista de Toledo

Torre de la Catedral — Toledo (courtesy of Frank Park)

domingo fueron a misa a la grandiosa catedral y pasaron la mañana allí porque había mucho que ver. Después de un almuerzo ligero en el hotel, pagaron la cuenta y regresaron a Madrid con tiempo de sobra para ir al partido al Estadio Bernabéu.

2. Comprehension:
- (i) ¿Qué pudieron hacer de camino a la estación?
- (ii) ¿Tenía Manuel dinero en su cartera?
- (iii) ¿A qué hora salía el tren?
- (iv) ¿Qué tiempo hacía en Toledo?
- (v) ¿Qué tipo de habitación reservó Manuel?
- (vi) ¿Tenían mucho equipaje?
- (vii) ¿De cuánto tiempo disponían en Toledo?
- (viii) ¿Qué tomaron de aperitivo y de tapas?
- (ix) ¿Qué hicieron el domingo?
- (x) ¿Para qué querían regresar a Madrid pronto?

3. Write a short essay entitled *Fin de semana*.

UNIT FOUR

UNIT FOUR

Section A
Text

María Teresa va de compras

El miércoles después de terminar las clases, alrededor de las seis, María Teresa fue a uno de los almacenes del centro de Madrid. Aquella mañana Manuel le telefoneó desde la oficina para decirle que acababa de invitar a cenar al director y a su mujer para el jueves. María Teresa pensaba preparar una cena muy buena con el fin de causar buena impresión. Primero se dirigió a la charcutería donde compró unas salchichas alemanas sabrosas y muy picantes porque sabía que le encantaban a la mujer del director. Compró también unos filetes de primera categoría y de aspecto suculento. En la sección de vinos escogió unas botellas del mejor Rioja que tenían y una botella de Coñac por si acaso. Como de aperitivos y postres ya tenía bastante en casa, no le faltaban más que las verduras. María Teresa compró unos tomates y unas berenjenas para la salsa que pensaba hacer, una lechuga, pimientos y pepinos para la ensalada.

Como le sobraba tiempo después de terminar las compras para la cena, subió en ascensor a la cuarta planta donde estaba la zapatería porque le hacían falta unos zapatos nuevos. Después de probarse muchos pares, y con la ayuda de la joven dependienta, optó al fin por unos zapatos marrones de piel y muy a la moda. Le costaron más de cinco mil pesetas, que era bastante, pero como le iban muy bien con el vestido que Manuel le regaló por su santo, no le importó pagarlas. María Teresa necesitaba también algunos cosméticos y unas cositas de papelería, así que de nuevo tomó el ascensor al sótano. Allí compró unos sobres y papel de escribir, además de lápices y bolígrafos.

María Teresa se dirigió a la Puerta del Sol a coger el autobús a casa. Como iba cargada de paquetes de todos los tamaños, decidió no ir en el metro que, aunque más rápido, a esas horas suele estar atestado de gente que regresa del trabajo. Tuvo que esperar un rato en la parada, cosa que no le importó mucho pues tuvo tiempo de comprar unos billetes de lotería y observar el bullicio de la vida callejera de esta parte de Madrid.

Notes:
1. **acabar de:** *to have just done something*. Note the tenses used: **acabo de salir** – *I have just gone out*; **acababa de salir** – *I had just gone out*.
2. **faltar, hacer falta, sobrar**: the usage here is akin to that observed with **gustar** earlier. Also similar are **parecer** (*to seem*), **quedar** (*to remain*): **me parece una buena idea** – *I think it is a good idea*, **nos quedan dos semanas de vacaciones** – *we have two weeks holiday left*.
3. **santo**: *Saint's Day*. In Spain a person's Saint Day (i.e. the saint from whom he takes his Christian name) is at least as important as his birthday.
4. **cosita**: dimunitive of **cosa**. Diminutives are also used in Spanish as terms of endearment and affection e.g. *Manolito, Teresita, el gatito*.
5. **lotería**: the National Lottery in Spain is a major institution. Tickets are sold usually by disabled people, and draws are held weekly for prizes which can be very substantial especially for occasions such as Christmas. The first prize is known colloquially as **el gordo**.

GLOSSARY

terminar, *to finish*
alrededor de, *around, about*
el almacén, *department store*
el director, *boss, director*
pensar (+ infinitive), *to intend*
con el fin de, *with the intention of*
dirigirse a, *to head for*
la charcutería, *delicatessen*
la salchicha, *sausage*
alemán, *German*
sabroso, *tasty*
picante, *hot, spicy*
encantar, *to delight*
el filete, *steak*
la categoría, *category, class*

suculento, *succulent*
escoger, *to choose*
la botella, *bottle*
mejor, *better*
el mejor, *the best*
por si acaso, *just in case*
el aperitivo, *aperitif*
las verduras, *vegetables*
la berenjena, *aubergine*
la salsa, *sauce*
la lechuga, *lettuce*
el pimiento, *pepper*
el pepino, *cucumber*
la ensalada, *salad*
sobrar, *to have more than enough*

El Corte Inglés — Madrid

Puerta del Sol — Madrid   (courtesy of Frank Park)

el ascensor, *lift*
la planta, *floor*
la zapatería, *shoe department*
el zapato, *shoe*
probarse, *to try on*
el par, *pair*
la ayuda, *help*
la dependienta, *assistant*
optar por, *to decide upon, choose*
marrón, *brown*
la piel, *leather*
a la moda, *in fashion*
costar, *to cost*
más de, *more than* (*plus numerals*)
ir a uno, *to suit one*
el vestido, *dress*
el santo, *saint*
importar, *to matter*
necesitar, *to need*
la papelería, *stationery department*
así que, *so*
de nuevo, *again*
el sótano, *basement*
el sobre, *envelope*
el papel de escribir, *writing paper*
escribir, *to write*
el lápiz, *pencil*
el bolígrafo, *ball-pen*
cargar, *to load*
el paquete, *packet*
el tamaño, *size*
decidir, *to decide*
el metro, *underground*
aunque, *although*
rápido, *quick*
atestado, *full*
la gente, *people*
regresar, *to return*
observar, *to observe*
el bullicio, *bustle*
la lotería, *lottery*
callejero, *street* (*adjective*)

UNIT FOUR

Section B
Grammatical Structures

4.1. Weak Reflexive Object Pronouns

The direct and indirect forms of the weak reflexive object pronouns in Spanish are the same. They are as follows:

(yo) me (nosotros/-as) nos
(tú) te (vosotros/-as) os
(él, ella, Ud.) se (ellos, ellas, Uds.) se

Examples: Se lava todas las mañanas.
Me miro en el espejo.
Se llama Juan.
Vamos a la piscina a bañarnos.

Note:

Certain verbs in Spanish have a reflexive form:
sentarse   yo me sentaba
acostarse   él se acostaba
despertarse   nosotros nos despertábamos
acordarse (de)   se acordaba (de)
levantarse   ellos se levantan
olvidarse (de)   yo me olvido (de)
despedirse (de)   se despedía (de)

In the above cases the reflexive pronoun is essential, but it should be noted that it is quite common for the reflexive pronoun to be used where the action refers very specifically back to the subject e.g. *me compré un libro*, *nos comimos las manzanas*.

4.2. Strong Personal Object Pronouns

	Reflexive	*Non-Reflexive*
(yo)	mí	mí
(tú)	ti	ti
(él)	sí	él
(ella)	sí	ella
(Ud.)	sí	Ud.
(nosotros/-as)	nosotros/-as	nosotros/-as
(vosotros/-as)	vosotros/-as	vosotros/-as
(Uds.)	sí	Uds.
(ellos)	sí	ellos
(ellas)	sí	ellas

These forms are used after prepositions.
Examples: me olvido de ellos
 hablan de nosotros
 no tengo dinero para ella
 pensaban en mí

In the case of the reflexive it is very common to find **mismo** used with the strong reflexive pronouns:
Example: Sólo pensaba en sí mismo

Note: **conmigo, contigo** and **consigo** which are formed by combining **con** with the strong pronouns **mí, ti** and **sí**.

4.3. Ordinal Numbers

primero	sexto
segundo	séptimo
tercero	octavo
cuarto	noveno
quinto	décimo

Ordinals are normally replaced by cardinals after the tenth.
Examples: Isabel segunda
 Luis catorce
 el siglo veinte
 las primeras líneas

4.4. Days of the Week

lunes
martes
miércoles
jueves
viernes
sábado
domingo

The forms are the same in singular and plural for all the days except Saturday and Sunday (pl. **sábados, domingos**). The English *on Monday*, *on Tuesdays* is translated using the definite article, singular or plural, as appropriate: **el lunes, los martes**.

4.5. Months of the Year

enero	julio
febrero	agosto
marzo	septiembre
abril	octubre
mayo	noviembre
junio	diciembre

Note that all the above names of days and months are written with small initial letters.

4.6. Dates

The date in Spanish is written as follows:
    el dos de mayo de 1947
    el veintidós de abril de 1986

Note that both the month and the year are preceded by **de**. With the exception of **el primero**, which may be used as an alternative to **el uno**, cardinal numbers are always used for dates.

The date in English may be translated in Spanish in one of two ways:
(i) using **estar a**:
        Examples: ¿A cuántos (días) estamos?
                   Estamos a catorce de agosto.
(ii) using **ser**:
        Examples: ¿Qué fecha es hoy?
                   Hoy es el quince de mayo.

4.7. Time

The verb to be, **ser**, followed by the number of hours (with **hora(s)** understood) is used to indicate the time of day:
Examples: Es la una.
            Son las tres.
To indicate time past the hour **y** is used; to indicate time to the hour **menos** is used.
Examples: Son las cuatro y veinte.
            Son las diez menos cinco.
Note the following expressions of time:
          quarter past – y cuarto
          half past   – y media
          quarter to   – menos cuarto
          exactly   – en punto
          a.m.   – de la madrugada
                          de la mañana
          p.m.   – de la tarde
                          de la noche
Examples: Son las seis y cuarto.
            Son las once y media.
            Eran las siete menos cuarto.
            A las cinco en punto de la tarde.
            Me levanté a las tres de la madrugada.
            Empezamos a las nueve de la mañana.
            El tren sale a las diez de la noche.
Using the twenty-four hour clock, as is customary in timetables etc., the last example would be *el tren sale a las veintidós horas*.

Note:

The expression **de la madrugada** implies the early hours of the morning. **Madrugar** means to get up very early. **Tarde** covers the period both of the afternoon and early evening.

UNIT FOUR

Section B
Structural Exercises

1. In each of the following, change the singular pronouns into the plural:

Example: Yo te llevo
            Nosotros os llevamos

   El me da   El me llama
   Yo le veo   Tú lo levantas
   Tú la compras   Ella no te quiere
   Ella lo hace   Yo lo levanto
   Yo le hablaba   Ella me mira

2. In each of the following, change the plural pronouns into the singular:

Example: Ellos nos escribieron
            El me escribió

   Nosotros los compramos   Vosotros los bebisteis
   Vosotros salís   Nosotros las manteníamos
   Ellos nos odian   Ellos los hicieron
   Uds. los vendieron   Ellas nos las dieron
   Ellas las conocen   Uds. las dijeron

3. In the following sentences, provide the appropriate verb forms:

Example: Yo (lavarse) las manos
            Yo me lavo las manos

(i)   Manuel (levantarse) de la silla.
(ii)   El niño (acostarse) tarde cuando estaba de vacaciones.
(iii)   Nosotros (levantarse) temprano.
(iv)   Yo (olvidarse) de ir a verlo ayer.

(v)   Cuando estábamos en Madrid, (bañarse) en la piscina.
(vi)   Cuando salió de casa, no (acordarse) de cerrar la puerta con llave.
(vii)   ¿Vas a (despedirse) de tus amigos?
(viii) El niño (lavarse) las manos sucias.
(ix)   Nosotros (mirarse) fijamente sin (decirse) nada.
(x)   Yo (quedarse) en ese hotel.
(xi)   En las rebajas del mes pasado yo (comprarse) estos libros.
(xii)   Fue a la peluquería y (cortarse) el pelo muy corto.
(xiii) La semana pasada, ellos (presentarse) allí inesperadamente.
(xiv)   Como todos los asientos estaban ocupados, ellos (sentarse) en el suelo.
(xv)   Cuando llegamos teníamos tanta hambre que (comerse) todas las galletas.
(xvi)   Ellos (quedarse) en la agencia ayer.
(xvii) Cuando subió a la muralla, la niña tropezó y (romperse) la pierna.
(xviii) Nos dio el dinero y nosotros (cobrarse) lo que nos debía.
(xix)   Cuando eran estudiantes (dedicarse) a sus estudios con mucho interés.
(xx)   Ella no (darse) cuenta de que él había entrado.

4. Change the following sentences into the plural:

Example: *El cobrador le dio el billete*
           Los cobradores les dieron los billetes

(i)   Yo voy directamente a mi casa.
(ii)   El lleva una maleta pequeña y un bolso.
(iii)   El empleado fue allí con su jefe.
(iv)   Tuve que hacerlo en seguida.
(v)   El teléfono del hotel está roto.
(vi)   Ud. me llamó esta mañana pero no estaba.
(vii)   El viaje fue muy largo pero me gustó.
(viii) Al político le entusiasma la idea.
(ix)   La mujer pertenece a una escuela de equitación.
(x)   Mi amigo es aficionado al cine.

5. Change the following sentences into the singular:

Example: *Los cines están cerrados*
El cine está cerrado

(i) Los muchachos tuvieron sus pasatiempos preferidos.
(ii) Los alumnos disfrutaron de su tiempo libre.
(iii) Los carteros les entregaban las cartas.
(iv) Las mujeres reservan sus billetes en la estación.
(v) Los cursos de verano les parecen muy interesantes.
(vi) Las clases de laboratorio fueron muy largas y difíciles.
(vii) Los estudiantes vivieron en residencias lujosas.
(viii) Sin los descuentos no podemos viajar en avión.
(ix) Las profesoras nos dijeron que faltaban los libros.
(x) Las películas que vimos no fueron muy buenas.

6. Write out in full the following dates:

Example: *14.III.1983*
el catorce de marzo de mil novecientos ochenta y tres

2. IX.1947	10. V.1848
13. X.1981	2. II.1650
29. VI.1941	25.XII.1500
4.VII.1776	16. XI.1711
1. I.1901	30. III.1908

7. Write out in full the following times:

Example: *11.05*
las once y cinco

22.40	15.15
15.30	23.00
1.00	16.30
12.00	17.05
13.45	20.25

UNIT FOUR

Section C
Language Laboratory Exercises

1. In each of the following sentences, change singular pronouns to plural, making consequent verb changes:

Example: *Yo le hablo en castellano*
           Nosotros les hablamos en castellano

(i)   El me da un libro.
(ii)   Ella se lava la cara.
(iii) El se despide de sus hijos.
(iv)   Yo me acostaba muy tarde.
(v)   El se comió la manzana.
(vi)   No me acordé de llamarte.
(vii) Me despertó el ruido del tráfico.
(viii) Ella se sentó en el sofá.
(ix)   Se compró un coche nuevo.
(x)   Me voy a dedicar a ese deporte.

2. In each of the following sentences, change plural pronouns to singular making consequent verb changes:

Example: *Se despertaron tarde*
           Se despertó tarde

(i)   Nos dimos cuenta de que ya no importaba.
(ii)   Nos compraron la casa.
(iii) Se fueron sin decir nada.
(iv)   Nos compramos unos chocolates.
(v)   Os levantasteis muy temprano.
(vi)   Se afeitan antes de salir.
(vii) Hace mucho tiempo que no se van de aquí.
(viii) Se olvidaron de telefonear.
(ix)   Nos despedimos en el aeropuerto.
(x)   Se presentaron de pronto.

3. In the following sentences, provide the appropriate form of the reflexive verb:

Example: *No me gusta (ensuciarse) las manos*
          No me gusta ensuciarme las manos

(i)   Mi madre (acostarse) muy tarde ayer.
(ii) Yo no puedo (olvidarse) de ella.
(iii) Antes de comer, nosotros vamos a (lavarse) las manos.
(iv) Limpié el asiento antes de (sentarse).
(v)   El (marcharse) ayer sin decir adiós.
(vi) Nosotros (sentirse) muy alegres al ver a nuestra madre.
(vii) Si no (engañarse), creo que termina a las once.
(viii) Yo (alegrarse) cuando lo vi.
(ix) Cuando (acordarse) de mi cumpleaños, me mandó un regalo.
(x)   Tú no debes (olvidarse) de tu reloj.

4. Turn the following sentences into the singular:

Example: *Los chicos no respetan a sus profesores*
          El chico no respeta a su profesor

(i)   Lo leemos para nosotros.
(ii)   Ellos vienen a vernos.
(iii) Uds. no tienen confianza en sí mismos.
(iv)   Los libros eran para ellos.
(v)   Vosotros os fuisteis sin ellos.
(vi)   Ellas se las compraron para sí mismas.
(vii) Nosotros queremos llevarlo para ellos.
(viii) Los alumnos desean veros.
(ix)   Se fueron sin ellos.
(x)   Los soldados se mataron.

5. Turn the following sentences into the plural:

Example: *Compré un vestido*
          Compramos unos vestidos

(i)   Me como la naranja.
(ii) ¿Hay carta para mí?
(iii) Lo dijo para sí.
(iv) Voy a dormirme ahora.

(v) Se lo dijo a ella.
(vi) ¿Te mareas?
(vii) Me gusta verme rodeado de libros.
(viii) Te lo voy a comprar para ti.
(ix) Me telefonea todos los días.
(x) Se casó el año pasado.

6. Say in Spanish the following dates:

Example: *29.VI.1941*
el veintinueve de junio de mil novecientos cuarenta y uno

16. X.1954	9.XII.1815
2.VII.1921	24.VII.1927
10. IX.1984	11. V.1943
3. III.1955	2. II.1979
4. I.1789	30. X.1969

7. Say in Spanish the following times:

Example: *11.30*
las once y media

3.00	11.17
4.30	10.10
7.45	5.49
11.15	2.09
4.21	8.52

8. Repeat the following sentences:

(i) El señor se marchó a las nueve sin decir nada.
(ii) Los alumnos se levantaron muy tarde porque estaban cansados.
(iii) Ella se compró el billete esperando ganar el gordo.
(iv) Me lo trajo para mí pero se lo dio a él.
(v) Se despertó ella misma porque el despertador no funcionaba.
(vi) ¿Os fuisteis sin ellas o las esperasteis?
(vii) Nos lavamos los dedos sucios con agua caliente y jabón.
(viii) Se alquilan pisos nuevos pero son muy caros.
(ix) Lo hice por mí mismo sin preocuparme de los otros.
(x) Se olvidaron de llevarse los bolígrafos.

UNIT FOUR

Section D
Consolidation and Development

Una vez terminada la espléndida cena que María Teresa preparó para el jefe de su marido y su mujer, fueron todos a la sala de estar para tomar café y licores. Charlaron sobre diversos temas.

ISABEL: ¡Qué cena más buena, Maite! ¡Y qué postres! Ya sabes lo golosa que soy; aunque siempre me preocupa la línea.

EMILIO: A mí la línea me tiene sin cuidado. Las comidas que nos pones siempre me encantan.

MANUEL: Emilio, ¿leíste en el periódico esta mañana que los ingleses, a partir del quince de julio, pueden sacar de su país todo el dinero que quieren cuando salen al extranjero? A ver si gastan más dinero en España.

EMILIO: Puede ser. Parece que va a mejorar la situación, pero con lo mal que andan las cosas por allí, dicen que va a haber menos turistas ingleses en España este año. De todas formas, como ya sabes, nuestro negocio ha aumentado un treinta por ciento este último año y es hora de pensar en extender el ámbito de nuestras actividades. Como sabes, desde hace tiempo, quiero una oficina más grande en el centro de Madrid, pero ahora estoy pensando también en abrir una sucursal en el sur, probablemente en Sevilla. Claro que este paso exige la cooperación de un empleado de confianza. Además, tú tienes mucha experiencia ya y si deseas aceptar el puesto de director, es tuyo. Por supuesto, no tienes que decidir nada ahora. Puedes hablarlo con Maite, pero no corre prisa porque un proyecto como éste suele tardar bastante en realizarse. No veo ninguna posibilidad de abrir la nueva sucursal antes del primero de abril.

MANUEL: ¡Qué sorpresa! No sabía que tenías estos proyectos. Claro que me interesa pero tienes razón, es un paso bastante importante y naturalmente, como tú dices, hay bastantes cosas que considerar. Sin embargo, a Maite le encanta Andalucía y estoy seguro de que por nuestra parte no hay problema. De todas formas, como nos das la noticia con bastante antelación hay tiempo de sobra para hacer todos los preparativos. Pero lo que tenemos que hacer ahora es celebrarlo. Esto merece una copa especial.

MAITE: Sí, claro. ¡Qué sorpresa más buena nos has dado, Emilio! Vamos a celebrarlo. ¿Qué te parece, Isabel?
ISABEL: ¡Estupendo! Y además, podemos ir a visitaros a Sevilla.
MANUEL: Ahora a beber.
EMILIO: Bueno, una copita más, pues ya son las once y media. Yo tengo que madrugar.

Note:

Maite is a popular form of María Teresa, as Manolo is of Manuel. Other examples are:
Merche – Mercedes
Chus – María Jesús
Pepe – José
Paco – Francisco

Exercises

1. Write a short summary in Spanish of the preceding passage.
2. Comprehension:
   (i) ¿Cómo se llaman los invitados de Manolo y Maite?
   (ii) Después de cenar ¿qué hicieron todos?
   (iii) ¿Prepara Maite buenas comidas?
   (iv) ¿Qué plato le gustó más a Isabel?
   (v) Según Emilio ¿cómo andan las cosas en Inglaterra?
   (vi) ¿Cuánto aumentó el negocio de la empresa?
   (vii) ¿Qué le propuso Emilio a Manolo?
   (viii) ¿Estaba de acuerdo Maite?
   (ix) ¿Cómo celebraron el acontecimiento?
   (x) ¿Por qué tienen suerte Maite y Manolo?
3. Write a short essay entitled *El turismo*.

UNIT FIVE

UNIT FIVE

Section A
Text

Andalucía

Manuel no tardó mucho en aceptar el puesto que le ofreció don Emilio, director de la agencia. Como buenos castellanos, Manuel y Maite sienten tener que dejar su querida Castilla pero la idea de ir a vivir a Andalucía les entusiasma muchísimo. Esto no debe extrañar porque Andalucía, en opinión de muchos, tiene un atractivo casi insuperable que, especialmente para los extranjeros, constituye lo más típico de España. Sevilla, la ciudad donde vivirán Manuel y Maite, junto a Córdoba y Granada, figura entre las ciudades más famosas y bellas de España. En Granada y Córdoba en concreto se encuentran numerosos vestigios de la civilización árabe que dejó huellas profundas en toda Andalucía. La mezquita de Córdoba y la Alhambra de Granada son dos de los monumentos más impresionantes aunque no hay que olvidar tampoco la Giralda de Sevilla, la magnífica torre de la Catedral erigida por los moros de 1186 a 1196. Todo el mundo conoce también la famosísima feria de Sevilla que tiene lugar inmediatamente después de las también célebres procesiones de Semana Santa, manifestación incomparable del sentimiento religioso del pueblo español. La riqueza cultural, artística e histórica de Andalucía forma un auténtico puente entre Europa y Africa. Esto se evidencia de forma muy clara en el cante jondo, el baile flamenco y las conmovedoras saetas de Semana Santa. Algunos de estos rasgos típicamente andaluces se muestran en el carácter y en la vida de los gitanos, un grupo muy pintoresco de la realidad andaluza. La mayor concentración de gitanos se encuentra en las cuevas del Sacromonte de Granada. Los gitanos de Andalucía fueron la inspiración del *Romancero gitano* del poeta granadino, Federico García Lorca, quizás el autor español de este siglo de más renombre internacional. Además, en su famoso *Llanto por la muerte de Ignacio Sánchez Mejías*, Lorca trató también del tema de los toros, otro aspecto típico de la vida andaluza así como de toda España. En Andalucía existen varias ganaderías famosas donde se crían toros bravos. Entre éstas una de las más conocidas es la del Marqués de Domecq, nombre que fuera de España se asocia más bien con el jerez, la bebida que Andalucía dio al mundo y que lleva el nombre de la ciudad donde están las principales bodegas, Jerez de la Frontera. Todo esto, desde luego, presenta un cuadro muy pintoresco y atractivo de Andalucía pero la vida en esta región también comprende otros aspectos de índole social y económica que ofrecen violentos contrastes con la visión aquí esbozada. La riqueza y la alegría coexisten al lado de la pobreza y la miseria y esta tensión queda reflejada en muchos aspectos de la vida andaluza, como Manuel y Maite irán viendo.

Note:

e: *and* is translated in Spanish by **y** which becomes **e** before **i** or **hi**. Similarly, *or* is translated by **o** which becomes **u** before **o** or **ho**, e.g. *uno u otro*.

GLOSSARY

tardar, *to take a long time*
el puesto, *post, job*
ofrecer, *to offer*
sentir, *to feel, to be sorry*
entusiasmar, *to fill with enthusiasm*
extrañar, *to find strange*
el atractivo, *attraction*
figurar, *to appear, to figure*
en concreto, *in particular*
el vestigio, *memory, relic*
la huella, *trace, mark*
la mezquita, *mosque*
el monumento, *monument*
impresionante, *impressive*
la torre, *tower*
la catedral, *cathedral*

erigir, *to erect*
la feria, *fair*
tener lugar, *to take place*
célebre, *famous, renowned*
la procesión, *procession*
la manifestación, *manifestation*
incomparable, *incomparable*
el sentimiento, *feeling*
el pueblo, *people*
la riqueza, *wealth*
auténtico, *authentic*
el puente, *bridge*
evidenciar, *to show, to prove*
el cante jondo, *typical Andalusian gypsy singing*
el baile flamenco, *typical Andalusian gypsy dancing*

La Alhambra — Granada

La Giralda — Sevilla

conmovedor, *moving*
la saeta, *sacred flamenco-type song typical of Holy Week procession*
el rasgo, *characteristic, trait*
mostrar, *to show*
el gitano, *gypsy*
el grupo, *group*
la realidad, *reality*
la concentración, *concentration*
la cueva, *cave*
la inspiración, *inspiration*
el poeta, *poet*
granadino, *from Granada*
el renombre, *renown*
tratar de, *to deal with*
el toro, *bull*
los toros, *the bullfight*

la ganadería, *ranch*
criar, *to rear*
el nombre, *name*
asociar, *to associate*
la bebida, *drink*
la bodega, *cellar*
el cuadro, *picture*
comprender, *to comprise*
la índole, *kind, nature*
violento, *abrupt, sharp*
la visión, *vision*
esbozar, *to sketch*
la alegría, *happiness*
al lado de, *by the side of, next to*
la miseria, *misery, destitution*
reflejar, *to reflect*

UNIT FIVE
Section B
Grammatical Structures

5.1. The Future Tense

1st Conjugation	2nd Conjugation	3rd Conjugation
hablaré (*I shall speak etc.*)	beberé	viviré
hablarás	beberás	vivirás
hablará	beberá	vivirá
hablaremos	beberemos	viviremos
hablaréis	beberéis	viviréis
hablarán	beberán	vivirán

5.2. The Conditional Tense

1st Conjugation	2nd Conjugation	3rd Conjugation
hablaría (*I would speak etc.*)	bebería	viviría
hablarías	beberías	vivirías
hablaría	bebería	viviría
hablaríamos	beberíamos	viviríamos
hablaríais	beberíais	viviríais
hablarían	beberían	vivirían

It can be seen that the future and conditional tenses are formed by adding the appropriate endings to the infinitive. There are no irregularities in the endings, but the following are irregular to the extent that they are not based upon the infinitive:

caber	– cabré/cabría	saber	– sabré/sabría
decir	– diré/diría	salir	– saldré/saldría
haber	– habré/habría	tener	– tendré/tendría
hacer	– haré/haría	valer	– valdré/valdría
poder	– podré/podría	venir	– vendré/vendría
querer	– querré/querría	poner	– pondré/pondría

5.3. Strong Possessive Adjectives and Pronouns

In addition to the weak possessive adjectives, Spanish also has strong possessives as follows:

mío/-os mía/-as	*my, of mine*	nuestro/-os nuestra/-as	*our, of ours*
tuyo/-os tuya/-as	*your, of yours (fam.)*	vuestro/-os vuestra/-as	*your, of yours (fam.)*
suyo/-os⎤ suya/-as⎦	*his, of his,* *your, of yours (pol.)*	suyo/-os⎤ suya/-as⎦	*their, of theirs,* *your, of yours (pol.)*

To form the possessive pronoun, place the definite article before the possessive adjective thus: *la suya, el mío, los tuyos, el nuestro,* etc.
Note the following:
(i) Strong possessive adjectives and pronouns agree in number and gender with the thing possessed.
(ii) The strong possessive adjective is placed after the noun it qualifies, and it is used for emphasis and to translate the English *of mine, of yours,* etc.
Examples: Este libro es mío.
Muy señores nuestros.
Este es el mío y aquél es el tuyo.
Me gusta tu casa pero no me gusta la suya.

5.4. The Neuter Article *lo*

The neuter article **lo** is placed before the masculine singular of an adjective to denote the general quality of that adjective without relation to any specific noun:
Examples: bueno – lo bueno
malo – lo malo
hermoso – lo hermoso
feo – lo feo

The article **lo** may be placed before an adjective or an adverb to indicate a high degree of the quality denoted:
Examples: ¿Ves lo bueno que es?
Se merece el premio por lo bien que escribe.
¿Ves lo rápido que viene?

5.5. Uses of the Definite Article

The definite article is used in Spanish in cases where it is omitted in English and vice versa. The following are the main cases where Spanish uses a definite article where English does not.

Example	Explanation
La cerveza es barata en Inglaterra	– noun used in generic sense.
La esclavitud ya no existe	– abstract noun.
El Sr. Pérez, el rey Juan Carlos	– title (but not used when addressing person directly.
La pobre María, la España sagrada	– proper noun qualified by an adjective.
Me rompí la pierna, me quité el sombrero.	– with parts of the body or clothing.

5.6. Uses of the Indefinite Article

The indefinite article is omitted in Spanish in cases where it is used in English. Note the following examples:

Example	Explanation
No recibí respuesta	– unqualified noun dependent on a negative.
Es inglés, es profesor	– unqualified noun indicating nationality or occupation.
Hablé con Merche, alumna del colegio	– noun in apposition.

It is also omitted before **otro**, **cierto**, **ciento**, **mil**, **medio**, **tal**, **semejante**:
Examples: tal cosa
 mil noches
 otro hombre

Note also its omission in the case of ¡**qué**! followed by a noun:
 ¡Qué alegría!
 ¡Qué vergüenza!

5.7. Relative Pronouns

The relative pronouns are:
- que: *who, whom, which, that*
- quien, quienes: *who, whom*
- el/lo/la cual } *who, whom, which, that*
- los/las cuales }
- el/lo/la/los/las que: *who, whom, which, that*

Apart from **quien/quienes**, a relative pronoun can refer to either persons or things and may be either subject or object. Great variations in use are permissible, and the most common categories are as follows:

(i) *The Relative Pronoun as Subject*

El chico que llegó ayer.
El tren que sale a los ocho.
Se marchó sin decir palabra, lo que (lo cual) nos sorprendió mucho.
Fue él quien (el que) lo hizo.
Son ellos quienes (los que) se oponen al proyecto.

(ii) *The Relative Pronoun as Direct Object*

El chico que vimos ayer (or a quien, al que, al cual).
Los libros que compraste.

(iii) *The Relative Pronoun as Prepositional Object*

El chico con quien (con el que) habló.
El coche en (el) que viajo.
El país por el cual (el que) viajamos.
La puerta más allá de la cual (la que) se extiende la pradera.
Limpié la casa, después de lo cual descansé.

Note:

The prepositions **a, en, de, con** usually take **que** or **el que** with things and **quien** or **el que** with persons. The others usually take **el cual**, etc.

5.8. The Relative Adjective

cuyo (-a, -os, -as): *whose*

Examples: El chico cuya madre murió el año pasado.
El autor cuyos libros estudiamos.

Thus **cuyo** agrees in number and gender with the noun possessed.

UNIT FIVE

Section B
Structural Exercises

1. Put the following verbs into the future:

Example: *escribo*
          escribiré

compro	hablamos	cabe	olvidan
ves	vengo	tengo	dejo
estamos	van	conocéis	prohibes
ganan	valemos	podemos	dicen
soy	quiero	haces	salimos

2. Put the following verbs into the conditional:

Example: *busco*
          buscaría

trabaja	escribe	sois	levanta
compra	coméis	rompe	dan
vendemos	mira	escuchamos	regreso
fumas	llegamos	alquila	ocupa
estudian	está	viajo	esperan

3. Turn the following into the future:

Example: *La mujer barre el suelo*
          La mujer barrerá el suelo

(i)   El hombre vende el coche.
(ii) La niña llora.
(iii) Sus hijos no llegan.
(iv) El coche está esperando en la puerta.
(v)   El avión aterriza.

(vi) Ella compra el periódico.
(vii) La cena es aquí.
(viii) Os gusta el vino.
(ix) Te dan libros.
(x) Ella se marcha.

4. Put the following sentences into the conditional:

Example: *Voy a España*
          Iría a España

(i) Es muy difícil explicar la diferencia entre los dos.
(ii) Esperamos en la tienda.
(iii) No sé lo que dice.
(iv) Llevo más de media hora trabajando.
(v) Tiene treinta y seis años.
(vi) No caben tantas personas en aquel coche.
(vii) La muchacha se pone muy triste.
(viii) No bebemos tanto antes de acostarnos.
(ix) ¿Qué haces en tal situación?
(x) No nos permiten entrar en el hospital.

5. In the following sentences, supply the appropriate possessive adjective:

Example: *(***Tú***)*   *Esta chaqueta es ...*
                    Esta chaqueta es tuya

(i)   (**Yo**)   Este libro es ....
(ii)   (**Nosotros**)   La casa es ....
(iii)   (**Vosotros**)   Estos abrigos son ....
(iv)   (**El**)   Este periódico es ....
(v)   (**Ella**)   Esta bolsa es ....
(vi)   (**Ellos**)   Esas bicicletas son ....
(vii)   (**Yo**)   Este bolígrafo es ....
(viii) (**Tú**)   Esta silla es ....
(ix)   (**Nosotros**)   Estos coches son ....
(x)   (**Ellos**)   Esos sombreros son ....

6. In the following sentences, put the verbs in the future and the nouns in the plural:

Example: *El avión aterriza en Londres*
           Los aviones aterrizarán en Londres

(i)   La mujer trabaja en la cocina.
(ii)   El coche que el señor vende es carísimo.
(iii) Mi hijo no hace mucho ruido en la casa.
(iv)   La chica ve una película en el cine.
(v)   El libro vale más que el disco.
(vi)   El cura no sale nunca de su iglesia.
(vii) El director no quiere admitir al nieto del gitano.
(viii) El irlandés viaja en un barco pequeño.
(ix)   El lobo viene a la puerta.
(x)   La estación está cerrada.

7. In the following sentences, supply the appropriate relatives:

Example: *Fue él ... lo hizo*
           Fue él quien lo hizo

(i)   El hombre .... lo hizo no vino.
(ii)   Vino su primo .... vivía en la misma casa.
(iii) Lo hizo muy bien, ... nos agradó muchísimo.
(iv)   Fueron ellos .... lo negaron.
(v)   El buscaba al señor .... sombrero había encontrado.
(vi)   Es una ciudad .... edificios son muy antiguos.
(vii) Es el señor .... vimos ayer en el teatro.
(viii) El alumno .... estudió más sacó las mejores notas.
(ix)   Manuel es el único .... entiende.
(x)   Son ellos .... tienen que echarse atrás.

UNIT FIVE

Section C
Language Laboratory Exercises

1. Put the following verbs into the future:

   Example: *compro*
             compraré

escribo	tienen	ponen	vivo
salimos	solicitamos	suben	lloro
obtienen	marchan	hablas	sé
charlo	llegáis	produzco	conozco
vemos	viajamos	pedimos	digo

2. Put the following verbs into the conditional:

   Example: *compran*
             comprarían

explican	olvidamos	compro	vamos
está	llega	estoy	llamamos
cabe	viajáis	conozco	salgo
quepo	comen	ven	hacéis
dais	dices	vienes	es

3. Put the following sentences into the future:

   Example: *Yo salgo con mi hermano*
             Yo saldré con mi hermano

   (i)   Las maletas no caben en el autobús.
   (ii) No nos gustan los viajes lentos.
   (iii) La gallina pone muchos huevos.
   (iv) Salimos de la estación a las once.
   (v)   Mi madre alquila un piso en la playa.

(vi) No sé lo que vale.
(vii) El portero sube en el ascensor.
(viii) No dice ni una palabra.
(ix) Hace un frío terrible aquí en el invierno.
(x) ¿Vais siempre en avión?

4. Put the following sentences into the conditional:

Example: *Es interesante ir a España*
           Sería interesante ir a España.

(i) Es difícil estudiar aquí.
(ii) Lo compramos en ese establecimiento.
(iii) Son las dos y cuarto.
(iv) Fue el año pasado.
(v) Se lo doy a su hermano.
(vi) Debes solicitar ese puesto.
(vii) ¿Vienes al cine?
(viii) ¿Tenéis tiempo para hacerlo?
(ix) ¡Qué bien estamos aquí!
(x) Me gusta beber cerveza.

5. In the following sentences, supply the appropriate possessive adjective:

Example: **(El)**   *Esta llave es ....*
                     Esta llava es suya

(i)   **(Yo)**   Este coche es ....
(ii)   **(Tú)**   Estas naranjas son ....
(iii) **(El)**   Esta moto es ....
(iv)   **(Nosotros)** Nada es más importante que lo ....
(v)   **(Ellos)**   Aquella casa es ....
(vi)   **(Vosotros)** .... hermana fue a Londres.
(vii) **(Yo)**   Hijo ....
(viii) **(Ellas)**   Estas cestas son ....
(ix)   **(Yo)**   Muy señor ....
(x)   **(Tú)**   En recuerdo ....

6. In the following sentences, put the verbs in the future and the subject nouns in the plural:

Example: *La compra no me cabe en el bolso*
           Las compras no nos cabrán en el bolso

(i)   El hombre está en la esquina.
(ii)   La mujer compra la carne en esa carnicería.
(iii)   El ministro te escribe desde Madrid.
(iv)   El equipo llega a las seis.
(v)   El alumno hace los estudios muy difíciles.
(vi)   El peatón se para si el disco está cerrado.
(vii)   El niño pasea en el parque.
(viii) El profesor tiene una reunión.
(ix)   Mi primo viene a verme.
(x)   El empleado sale del trabajo a las seis.

7. In the following sentences, supply the appropriate relative pronoun:

Example: *El hombre .... trabaja en el banco*
           El hombre que trabaja en el banco

(i)   La mujer .... vimos en la plaza.
(ii)   El abogado con .... hablo.
(iii)   La chica .... libro tienes.
(iv)   No conozco el disco a .... te refieres.
(v)   Volvió a su patria, ... nos dejó muy tristes.
(vi)   El edificio junto .... esperan.
(vii)   Tengo un gato con .... juego mucho.
(viii) Mi madre tiene un viejo armario .... quiere vender.
(ix)   Subimos a la colina, desde .... contemplamos el campo.
(x)   Fregué los platos, después de .... leí el periódico.

8. Repeat the following sentences:
(i)   Mi padre comprará los billetes para su proyectado viaje a los Estados Unidos.
(ii)   En mi jardín hay flores de todos los colores.
(iii)   Los perros no dejaron de ladrar en toda la noche.
(iv)   A los ingleses les gusta la cerveza, a los españoles el jerez y a los franceses el vino.

(v) El niño estaba llorando porque se cayó en la calle.
(vi) Quisiera alquilar un piso en Torremolinos para el verano que viene.
(vii) Muchas naciones están dispuestas a gastar millones de pesetas en preparativos para la guerra.
(viii) Se dice que pronto se reanudarán las negociaciones.
(ix) Muchas de las calles de esta ciudad están muy sucias.
(x) Otros ejercicios de recapitulación serían muy útiles en tal curso.

UNIT FIVE

Section D
Consolidation and Development

Maite y Manuel hablan de su traslado a Andalucía.

MAITE: Sólo disponemos de tres meses para hacer todos nuestros preparativos ¿no es así, Manolo?

MANUEL: Sí, me parece que sí. Están renovando la oficina y Emilio me asegura que estará lista para finales de marzo. Con un poco de suerte podremos abrir la oficina a tiempo para aprovechar el turismo de verano y hacer un poco la competencia a las agencias ya existentes allí, las cuales no están al día. Emilio, como ya sabes, se interesa muchísimo en la tecnología moderna y no le anda a la zaga a nadie en lo que se refiere a los aparatos de oficina. Instalaremos varios ordenadores que tendrán conexión directa con nuestro ordenador central aquí en Madrid. Naturalmente esto facilitará mucho nuestro trabajo.

MAITE: Manolo, estás obsesionado con el trabajo. Yo quiero hablar de cosas más importantes. Por ejemplo, ¿dónde vamos a vivir? Yo creo que no sería mala idea empezar alquilando un pisito, aunque amueblado, para tener tiempo de conocer bien la ciudad antes de elegir el barrio donde vivir.

MANUEL: Sí, Maite, tienes razón, esto evitaría problemas y además, si no conseguimos vender este piso antes de irnos, tú tendrás que quedarte aquí para venderlo. En tal caso, yo me marcharía antes, pero, de todas formas, procuraríamos estar juntos los fines de semana, bien aquí o en Sevilla.

MAITE: También tenemos que considerar mi trabajo tanto como el tuyo. A ver si encuentro trabajo en Sevilla, porque a mí me gustaría seguir trabajando y no estar todo el día metida en la cocina. Y no nos vendría mal un poco más de dinero.

MANUEL: Por el dinero no tienes que preocuparte. Emilio me asegura que el cambio de puesto representa un aumento del veinte por ciento sobre mi salario actual. Además, la empresa paga los gastos de traslado a Sevilla y nos ofrece un préstamo sin interés para ayudarnos a hacer frente a los problemas que sin duda surgirán durante los primeros meses. Tú, desde luego, si no quieres trabajar en seguida, no tienes que hacerlo porque tienes bien merecido un descanso, y además habrá mucho que arreglar en la nueva casa.

MAITE: Pues sí, me parece bien, así lo haremos. Yo me encargaré de la casa ya que tú estarás muy ocupado con todo el trabajo de la nueva oficina. Bueno, vamos a pensar un poco en el presente. Son las nueve y media, la cena está lista, y todavía me queda un montón de trabajo que preparar para las clases de mañana.

MANUEL: Bien, a cenar.

Exercises

1. Transpose the following two sections of the preceding passage into indirect speech beginning "Maite dijo que Manolo estaba...":

MAITE: Manolo, estás obsesionado con el trabajo. Yo quiero hablar de cosas más importantes. Por ejemplo, ¿dónde vamos a vivir? Yo creo que no sería mala idea empezar alquilando un pisito, aunque amueblado, para tener tiempo de conocer bien la ciudad antes de elegir el barrio donde vivir.

MANUEL: Sí, Maite, tienes razón, esto evitaría problemas y además, si no conseguimos vender este piso antes de irnos, tú tendrás que quedarte aquí para venderlo. En tal caso, yo me marcharía antes, pero, de todas formas, procuraríamos estar juntos los fines de semana, bien aquí o en Sevilla.

2. Comprehension:

(i) ¿De qué hablan Maite y Manuel?
(ii) ¿De cuántos meses disponen?
(iii) ¿Para cuándo estará lista la oficina?
(iv) ¿Por qué quieren abrir la oficina antes del verano?
(v) ¿Qué tipo de director es Emilio?
(vi) ¿Van a comprar una casa inmediatamente?
(vii) ¿Quiere seguir trabajando Maite como profesora? ¿Por qué?
(viii) ¿Ganará Manuel más dinero en Sevilla?
(ix) ¿Qué tipo de ayuda les ofrece la empresa?
(x) ¿Qué va a hacer Maite después de cenar?

3. Write a short essay entitled *La vida de un matrimonio moderno*.

UNIT SIX

UNIT SIX
Section A
Text

Por tierras de España

Cuando hablamos de España nos referimos a un país que es políticamente una unidad pero que presenta gran variedad y diversidad de climas, vegetación, cultivos y paisaje. Por ejemplo, si nos dirigimos hacia el noroeste de la península llegamos a Galicia, zona marítima de abundantes lluvias que contrasta marcadamente con el sol, calor y aridez de otras regiones, razón por la cual se ha merecido el nombre de 'la Suiza española'. Las principales ciudades de Galicia son Vigo y La Coruña pero sin duda la ciudad más famosa de la región es Santiago de Compostela, lugar donde está el sepulcro del Apóstol Santiago y que, por este motivo, fue un renombrado centro de peregrinación en la Edad Media.

Al noreste de Galicia tenemos el litoral vasco de Guipúzcoa y Vizcaya con sus numerosas playas como la bien conocida de San Sebastián. Todos conocen también Bilbao, importante centro industrial para la exportación del hierro, pero la ciudad más famosa de esta zona de España es probablemente Pamplona, capital de Navarra, con su atracción turística de San Fermín que se celebra cada julio.

En esta tierra de los vascos, donde aún se habla el euskera, cuyo origen no conocemos, existe una fuerte tendencia separatista que también caracteriza a otras zonas de la península, notablemente a Cataluña, región conocida por la famosa Costa Brava frecuentada cada año por millones de turistas de todas las nacionalidades, y cuya principal ciudad, Barcelona, es hoy un centro industrial con un activo puerto. Es la capital de Cataluña y, por su población, la segunda ciudad de España.

La región central de la península es Castilla, región así nombrada por los muchos castillos que en ella existían. En ella están las ciudades de Salamanca, famosa en el siglo dieciséis por su importante universidad, Burgos, con su magnífica catedral, Avila, renombrada por su asociación con la famosa Santa Teresa, y las interesantes e históricas ciudades de Palencia y Valladolid. Al sur de las sierras centrales, está situada la capital del país, Madrid, con su ambiente único. Cerca de Madrid está Toledo, ciudad de la antigüedad que bajo los musulmanes fue un centro importante de cultura y comercio. Sus típicas armas de acero son conocidas por todo el mundo.

Al suroeste de Castilla entramos en una región también famosa universalmente por razones distintas. Nos referimos a esa inmensa y solitaria llanura de la Mancha, inmortalizada por Cervantes en sus aventuras de Don Quijote y Sancho Panza.

Una de las zonas menos conocida de España es Extremadura, para muchos triste y poco atractiva. Sin embargo fue aquí donde nacieron dos de los más famosos conquistadores del Nuevo Mundo, Hernán Cortés y Francisco Pizarro. En ella también vemos las ciudades romanas de Cáceres y Mérida y la importante ciudad de Badajoz.

Si pocos conocen la región extremeña, casi todo el mundo conoce la región vecina de Andalucía. Aquí tenemos lo que para muchos constituye lo español, la España de pandereta: el famoso jerez, el flamenco y el cante jondo, los gitanos y los toros. En ella también están las ciudades encantadoras de Sevilla, Granada y Córdoba. Las dos últimas preservan los mejores ejemplos de la arquitectura musulmana. Otra bella ciudad marítima de Andalucía es Málaga, punto desde donde se extiende hacia el sur la renombrada Costa del Sol donde pueblecitos anteriormente no conocidos como Marbella, Torremolinos y Fuengirola se han convertido en centros de veraneo de fama mundial.

Más al norte por la costa de Levante, pasando por la interesante ciudad de los cartagineses, Cartagena, llegamos a Valencia, la tercera ciudad de España, rodeada de sus huertas famosas. Frente al golfo de Valencia se encuentran las Islas Baleares, el archipiélago mediterráneo cuyas tres islas principales de Mallorca, Menorca e Ibiza son también importantes centros turísticos.

Cada una de las regiones mencionadas ofrece gran variedad de paisaje, clima y costumbres, y recorriéndolas, el viajero se sentirá sorprendido y seducido por todas y cada una de ellas.

Note:

1. **España de pandereta**: expression used to indicate the typical superficial foreigner's view of Spain.

El Acueducto de Segovia

(courtesy of Frank Park)

Simancas

GLOSSARY

referirse a, *to refer to*
la unidad, *unity*
la vegetación, *vegetation*
el clima, *climate*
los cultivos, *crops*
el paisaje, *landscape*
contrastar, *to contrast*
el noroeste, *north-west*
la zona, *zone*
marítimo, *maritime*
abundante, *abundant, plentiful*
la lluvia, *rain*
el campo, *field*
marcadamente, *markedly*
el sol, *sun*
el calor, *heat*
la aridez, *aridity*
la razón, *reason*
merecer, *to deserve*
el lugar, *place*
el sepulcro, *tomb*
el motivo, *motive, reason*
renombrado, *renowned*
la peregrinación, *pilgrimage*
el noreste, *north-east*
el litoral, *coastline*
vasco, *Basque*
la playa, *beach*
el veraneo, *summer holiday*
la exportación, *exportation*
el hierro, *iron*
la atracción, *attraction*
turístico, *tourist* (adj.)
celebrar, *to celebrate*
la lengua, *tongue, language*
el origen, *origin*
la tendencia, *tendency*
separatista, *separatist*

caracterizar, *to characterize*
notablemente, *notably*
la nacionalidad, *nationality*
activo, *active*
el puerto, *port, harbour*
nombrar, *to name*
el castillo, *castle*
la asociación, *association*
situar, *to situate*
el ambiente, *atmosphere*
único, *unique*
las armas, *arms, weapons*
el acero, *steel*
el suroeste, *south-west*
inmenso, *immense*
solitario, *solitary*
la llanura, *plain*
inmortalizado, *immortalized*
la aventura, *adventures*
triste, *sad*
nacer, *to be born*
vecino, *neighbouring*
constituir, *to constitute*
la pandereta, *tambourine*
preservar, *to preserve*
extender, *to extend*
el sur, *south*
mundial, *world-wide, universal*
el golfo, *gulf*
Baleares, *Balearic*
la isla, *island*
el archipiélago, *archipelago*
mediterráneo, *Mediterranean*
la costumbre, *custom*
el viajero, *traveller*
recorrer, *to travel through*
sorprender, *to surprise*
seducir, *to seduce*

UNIT SIX

Section B
Grammatical Structures

6.1. The Gerund

This is formed by adding -**ando** to the stem of -ar verbs and -**iendo** to the stem of -er and -ir verbs:
hablar – hablando (*speaking*)
beber – bebiendo (*drinking*)
vivir – viviendo (*living*)
The gerund normally translates the English present participle -**ing** except in the following situations:
(i) after a preposition when Spanish uses the infinitive,
e.g. *before leaving the house* – **antes de salir de la casa**;
(ii) when the English- **ing** is used as a noun Spanish uses the infinitive, usually preceded by the masculine singular definite article,
e.g. *the singing of the birds* – **el cantar de los pájaros**;
(iii) when the English -**ing** is used as an adjective Spanish uses an adjective or adjectival clause,
e.g. *a room containing much furniture* – **una habitación que contiene muchos muebles**;
(iv) after verbs of perception, it is normal to use an infinitive in Spanish to translate the English present participle e.g. **los vi salir, nos oyeron entrar.**

Note the following variations in the form of the gerund:
(i) reír – riendo
(ii) gruñir – gruñendo (verbs ending in -**ñir** drop the **i** in the gerund because the **i** sound is already contained in the **ñ**)
(iii) leer – leyendo (the intervocalic **i** is represented by **y**, cf. preterites **leyó,**
oír – oyendo **oyó, cayó**)
caer – cayendo
(iv) ir – yendo

6.2. The Progressive Tenses

The gerund is combined with the appropriate tense of **estar** to form the progressive tenses:
    El profesor está explicando la lección.
    El perro está ladrando.
    La mujer estaba limpiando la casa.

6.3. The Past Participle

In order to form the perfect and pluperfect tenses the past participle must be known. For each of the three conjugations the past participle is formed as follows:

    hablar   – hablado   (*spoken*)
    beber   – bebido   (*drunk*)
    vivir   – vivido   (*lived*)

The exceptions are:
    hacer   – hecho
    decir   – dicho
    poner   – puesto
    ver   – visto
    abrir   – abierto
    romper   – roto
    cubrir   – cubierto
    descubrir – descubierto
    escribir   – escrito
    describir – descrito
    morir   – muerto
    volver   – vuelto

Note also the following: leer – leído, poseer – poseído.

6.4. The Perfect Tense

The Perfect Tense is formed by combining the appropriate person of the present tense of the verb **haber** with the past participle (Note: **haber** – *to have*, is used only as an auxiliary verb):
    he hablado (*I have spoken etc.*)
    has hablado
    ha hablado

hemos hablado
habéis hablado
han hablado

6.5. The Pluperfect Tense

The Pluperfect Tense is formed by combining the appropriate person of the imperfect tense of the verb **haber** with the past participle:
había hablado (*I had spoken etc.*)
habías hablado
había hablado
habíamos hablado
habíais hablado
habían hablado

6.6. The Past Anterior

The Past Anterior Tense is formed by combining the appropriate person of the preterite tense of the verb **haber** with the past participle:
hube hablado
hubiste hablado
hubo hablado
hubimos hablado
hubisteis hablado
hubieron hablado

The Past Anterior is used to translate the English pluperfect in subordinate time clauses when the main clause contains a preterite. However, it is quite normal for a simple preterite to be used in this case:
Example: Cuando hubo dejado de hablar, salimos.
       or   Cuando dejó de hablar, salimos.

6.7. Other Compound Tenses

Other compound tenses in Spanish are formed by combining the appropriate tense of **haber** with the past participle:

habré bebido (*I shall have drunk etc.*)	habría bebido (*I would have drunk etc*)
habrás bebido	habrías bebido
habrá bebido	habría bebido
habremos bebido	habríamos bebido
habréis bebido	habríais bebido
habrán bebido	habrían bebido

6.8. Other Ways of Rendering the Perfect and Pluperfect

The student should note that the perfect and pluperfect in English are not necessarily translated by those forms in Spanish, and very often constructions involving the use of **hacer** and **llevar** are employed:

(i) An English perfect indicating action still continuing is rendered by the present:

Estamos sin coche desde el lunes.
Mi abuela vive con nosotros desde que murió su marido.

¿Cuánto tiempo lleva Ud. aquí?
Llevo dos años estudiando este tema.

Hace dos años que estudio este tema.
Estudio este tema desde hace dos años.

(ii) Similarly, a Spanish imperfect will render an English pluperfect:

¿Cuánto tiempo llevaba Ud. allí?
Estaba aquí desde las dos.
Llevaba dos años estudiando el problema.
Hacía dos años que estudiaba el tema.

UNIT SIX

Section B
Structural Exercises

1. Give the gerund of the following verbs:

   Example: *acompañar*
   acompañando

comprar	gruñir	gastar	creer
hablar	llevar	torcer	pensar
partir	caer	guiar	hacer
ver	considerar	leer	traer
comer	arañar	querer	dar

2. Give the past participle of the following verbs:

   Example: *vender*
   vendido

traer	proponer
pitar	tener
estar	entregar
escribir	ir
romper	ver
hacer	ser
salir	poseer
poner	describir
dormir	huir
caer	saber

3. Put the following sentences into the perfect tense:

Example: *Salgo a las seis*
           He salido a las seis

(i)   Gasto todo mi dinero.
(ii)   No tenemos mucha suerte.
(iii) Lo que hacen es malo.
(iv)   ¿Habláis mucho con Juan?
(v)   No dice nunca la verdad.
(vi)   Cuando lo vemos, le saludamos.
(vii) Juan abre la tienda.
(viii) ¿Qué pasa aquí?
(ix)   Le dio cinco duros al muchacho.
(x)   El suceso triste le causó mucha pena.

4. Turn the following sentences into the pluperfect:

Example: *El ha comprado la casa y luego la ha vuelto a vender*
           El había comprado la casa y luego la había vuelto a vender

(i)   Ella lo ha dicho y lo ha hecho.
(ii)   Vino a verlo todo.
(iii) Me lo pregunta su hermana.
(iv)   Han traído a los prisioneros que han cogido.
(v)   Conozco a su hermano pero nunca lo visito.
(vi)   Veo muchas cosas pero callo más de las que digo.
(vii) El se detiene, nos mira y luego vuelve a leer.
(viii) El avión llegó y los pasajeros desembarcaron.
(ix)   Como lo propone, lo hace.
(x)   Se levanta, se arregla, desayuna y sale.

5. Answer the following questions using the pattern given in the example:

Example: *¿Ha llegado Juan?*
           No ha llegado, pero llegará pronto

(i)   ¿Ha terminado el profesor la clase?
(ii)   ¿Ha ido Ud. de compras?
(iii) ¿Han salido del cine?
(iv)   ¿Habéis visto a Juan?

(v) ¿Ha salido el tren?
(vi) ¿Le has prestado la sartén a mi madre?
(vii) ¿Han alquilado Uds. un nuevo piso?
(viii) ¿Le ha explicado el profesor la lección?
(ix) ¿Han pagado ellos la cuenta?
(x) ¿Hemos plantado las flores?

6. In the following sentences, supply the appropriate tenses:

Example: Cuando estaba en Madrid yo (ir) al cine todos los domingos
Cuando estaba en Madrid yo iba al cine todos los domingos

(i) Yo pasé toda la mañana (estudiar).
(ii) Ellos han llegado y (decir) que quieren ver todo durante su estancia aquí.
(iii) Cuando ellas se fueron, ellos (respirar).
(iv) Yo estaba leyendo cuando él (entrar) de pronto.
(v) Mientras él trabajaba y ella (criar) a los niños, todo (marchar) bien.
(vi) Ellos (acabar) de hacerlo cuando el dueño llegó.
(vii) Si ganan suficiente dinero, (ir) de vacaciones al extranjero.
(viii) Si yo no lo (hacer) hoy, lo (hacer) mañana.
(ix) El me dijo que (nacer) allí y que (volver) allí algún día.
(x) Te lo (decir) mañana por la mañana.

7. Answer the following questions in the form of a full sentence using the reply given:

Example: ¿Desde cuándo estás aquí? Dos horas
Estoy aquí desde hace dos horas

(i) ¿Cuánto tiempo llevas aquí? Una hora.
(ii) ¿Desde cuándo conoces a mi hermana? Dos años.
(iii) ¿Cuánto tiempo dura la película? Una hora y media.
(iv) ¿Cuántos años tienes? Dieciséis.
(v) ¿Llevas mucho tiempo estudiando el español? Sólo tres semanas.
(vi) ¿Hace mucho tiempo que me esperas? Diez minutos.
(vii) ¿Desde cuándo trabajan Uds. aquí? El mes pasado.
(viii) ¿Tardarás mucho en hacerlo? Todo el verano.
(ix) ¿Llevan mucho tiempo trabajando? Diez años.
(x) ¿Desde cuándo vive en este país? Treinta y dos años.

UNIT SIX

Section C
Language Laboratory Exercises

1. Provide the gerund of the following verbs:

Example: *hablar*
          hablando

    beber   embarcar
    vivir   ir
    producir   sonreír
    soñar   ser
    zurcir   estar
    sentar   leer
    comprender oír
    aterrizar   discutir

2. Give the past participle of the following verbs:

Example: *vender*
          vendido

comprar	estar	tener	romper
divertir	poner	gustar	confesar
hacer	decir	caber	reñir
saber	pensar	abrir	agradecer
ser	enseñar	considerar	dormir

3. Turn the following sentences into the perfect:

Example: *El hombre está aquí*
          El hombre ha estado aquí

(i) El alumno hace los ejercicios.
(ii) El niño rompe la bicicleta.

(iii) Veo lo que ocurre.
(iv) ¿Te pones contento con lo que te traigo?
(v) La fábrica produce grandes cantidades de acero que exportamos al extranjero.
(vi) Yo discuto con ella; ella me devuelve el regalo y se va.
(vii) La señora llega, abre el armario, saca un mantel muy limpio y lo pone sobre la mesa.
(viii) Los empleados escriben a máquina y cuando terminan ven al director.
(ix) El vuelve con mucho dinero y lo gasta todo.
(x) Ellos llegan, comen, beben, hablan y van a acostarse.

4. Put the following sentences into the pluperfect:

Example: *He salido*
          Había salido

(i) No lo sé.
(ii) Habéis enfadado al profesor.
(iii) Me castigaron por haber mentido.
(iv) Le doy la lista de los enfermos.
(v) Lo hago por el bien de todos.
(vi) Mi amiga sale en el tren de Londres.
(vii) Los pájaros cantan en aquellos árboles frondosos.
(viii) Comen patatas.
(ix) Le gustan los vinos dulces.
(x) Vi a una chica con quien salí en Madrid.

5. Answer the following questions according to the example given:

Example: *¿Has hecho ya los ejercicios?*
          No, no los he hecho todavía

(i) ¿Ha llegado ya el avión?
(ii) ¿Te ha dado ya tu hermano los libros?
(iii) ¿Han aprobado ya los alumnos los exámenes?
(iv) ¿Habéis construído ya la casa?
(v) ¿Han vuelto ya de su viaje?
(vi) ¿Te ha propuesto ya abrir la agencia?
(vii) ¿Has hecho ya todos los arreglos?
(viii) ¿Han descrito ya las escenas?

(ix) ¿Habéis puesto ya todo en su sitio?
(x) ¿Han invertido ya el dinero?

6. Supply the appropriate form of the verb:

Example: *Ayer yo (salir) a las seis*
Ayer yo salí a las seis

(i) La policía llegó cuando los ladrones ya (desaparecer).
(ii) Yo no (trabajar) hoy porque (ser) domingo.
(iii) ¿Llevas mucho tiempo (estudiar) los pingüinos?
(iv) Cuando (ser) joven, el cura (cazar) liebres todos los días.
(v) No han (salir) porque (hacer) frío.
(vi) El dueño abría las puertas cuando los clientes (llegar).
(vii) Juan me (dar) los libros ayer. Yo los (mandar) a mi madre mañana.
(viii) La semana pasada yo (ir) a Madrid.
(ix) Pedro gastó todo el dinero que (ganar) en el casino.
(x) El profesor cree que Juan jamás (aprender) español.

7. Answer the following questions:

Example: *¿Cuánto tiempo llevas aquí? ... tres años aquí*
Llevo tres años aquí

(i) ¿Desde cuándo no le hablas?
No le hablo ..... tres semanas.
(ii) ¿Hace muchos años que no le ves?
..... veinte años que no le veo.
(iii) ¿Cuánto tiempo llevaban estudiando los alumnos?
..... tres horas estudiando.
(iv) ¿Lleváis mucho tiempo esperando el autobús?
..... veinte minutos esperando el autobus.
(v) ¿Cuántos años llevabas viviendo en Madrid.
..... treinta años viviendo en Madrid.
(vi) ¿Hace mucho tiempo que se marcharon?
..... media hora que se marcharon.
(vii) ¿Hace mucho tiempo que no viene a verte?
..... cinco años que no viene a verme.
(viii) ¿Cuánto tiempo llevabais sin trabajar?
..... seis meses sin trabajar.
(ix) ¿Hace mucho tiempo que no llueve?
..... tres meses que no llueve.

(x) ¿Hacía mucho tiempo que no venían?
      ..... dos semanas que no venían.
8. Repeat the following sentences:
(i)   Los alumnos siempre están discutiendo sobre los ejercicios.
(ii) La mujer está zurciendo los calcetines de sus hijos.
(iii) Tuve que esperar mucho porque los coches y los peatones estaban cruzando la calle.
(iv) Los inquilinos de los nuevos apartamentos han convocado una reunión de la comunidad de propietarios.
(v)   Estamos nerviosísimos porque ha llegado el momento de presentarnos a las oposiciones.
(vi) Ese es un objetivo alcanzable si nos esforzamos y afrontamos los problemas.
(vii) Francisco de Quevedo y Villegas fue un autor muy famoso del siglo diecisiete.
(viii) La Guerra Civil española duró de mil novecientos treinta y seis a mil novecientos treinta y nueve.
(ix) A pesar de la popularidad de la televisión, los cines en España están muy concurridos.
(x)   En nuestro mundo moderno, con todos sus avances científicos, todavía existe un nivel alarmante de indigencia.

UNIT SIX

Section D
Consolidation and Development

Manolo y Maite acaban de recibir una invitación para la boda de un primo de Maite que es ingeniero en Oviedo y se llama Ramón. Después de licenciarse en Madrid en ingeniería se trasladó a Asturias donde trabaja para una empresa constructora. Allí conoció a Maribel, enfermera en el hospital "San Juan de Dios". Después de dos años de noviazgo han decidido casarse. La boda se celebrará el 22 de julio en la iglesia de "San Isidro" y oficiará otro primo de Maite, Juan Luis, que fue ordenado sacerdote recientemente en Roma. Asistirán muchos conocidos y casi toda la familia.

MAITE: ¡Ay, qué alegría! Se van a casar.
MANUEL: ¿Quién? ¿De quién hablas?
MAITE: ¿De quién voy a hablar? De mi primo, Ramón, y Maribel. Se van a casar en julio y nos han invitado a la boda. Iremos ¿no?
MANUEL: Pues claro, iremos aunque es una fecha mala porque coincide con una época de muchísima actividad en la agencia, pero ya me las arreglaré para ir.
MAITE: Es un trayecto bastante largo desde Sevilla a Oviedo. Podríamos ir en avión. Hay vuelos diarios de Sevilla a Oviedo. Pero también podríamos ir en tren y parar en Madrid donde podríamos aprovechar la oportunidad de visitar a Pepe e Isabel que hace tiempo que nos invitaron. Además yo preferiría comprarme un vestido en una de las tiendas de Madrid donde seguramente tendrán una buena selección, mejor que aquí.
MANUEL: Sí, es buena idea. También podremos comprar el regalo allí. ¿Tienes alguna idea de lo que les gustaría?
MAITE: Pues, no sé, se lo podríamos preguntar pero yo preferiría elegirlo contigo.
MANUEL: Sí, podríamos elegir algo para la nueva casa, por ejemplo, una

plancha, una cafetera, un tostador. Pero esto es poco original. Bueno, ya veremos, hay bastante tiempo . . . . .

Ha llegado el día de la boda y todos se encuentran reunidos en la iglesia. El sacerdote acaba de bendecir al nuevo matrimonio y todos se levantan para verlos salir de la iglesia. Los invitados salen detrás de la feliz pareja y fuera todos felicitan al nuevo matrimonio. Hay un ambiente de alegría y de gran animación. Después de hacer un sinfín de fotografías, entre los muchos besos y abrazos que los invitados dan a Ramón y Maribel, todos se marchan hacia el hotel principal de la ciudad donde se celebra la boda con una espléndida comida. Después de brindar a la salud de los novios, éstos se marchan de luna de miel a las Islas Canarias y los invitados se quedan allí divirtiéndose en la fiesta que durará hasta la madrugada.

MAITE: Conchita, ¡cuánto tiempo sin verte!
CONCHITA: Hola, Maite, ¡qué alegría de verte! Te vi en la iglesia pero hasta ahora no se ha presentado la oportunidad de hablarte. ¡Hay tantísima gente aquí!
MAITE: Sí, somos una familia muy grande y muy unida, y además, Ramón y Maribel tienen muchos amigos y casi todos están aquí. Hasta ha venido un amigo del Perú. Pero, Conchita, ¡qué bien estás! Dime, ¿trabajas todavía en Gijón?
CONCHITA: No, no, hace dos años que estoy en Barcelona y trabajo allí para una editorial que se especializa en novelas de ciencia-ficción. ¿Y vosotros, seguís todavía viviendo en Madrid?
PABLO: Hola, chicas, ¡tan guapas como siempre!
MAITE: ¿Qué tal, Pablo? ¡Echando piropos como de costumbre! ¡Nunca cambiarás!

Así, charlando y bebiendo con nuevos y viejos amigos, pasan unas horas agradables y divertidas hasta que poco a poco todos se marchan a sus casas.

Exercises

1. Write a brief conversation in Spanish in dialogue form between two guests at the wedding.

2. Comprehension:

(i) ¿Qué han recibido Maite y Manolo?
(ii) ¿Quiénes se van a casar?
(iii) ¿Dónde tendrá lugar la boda?
(iv) ¿Cómo podrán viajar Manolo y Maite?
(v) ¿Por qué prefieren parar en Madrid?
(vi) ¿Quién ofició en la boda?
(vii) ¿Por qué hubo tanta gente en la boda?
(viii) ¿Quién es Conchita?
(ix) ¿De qué vive?
(x) ¿Qué tipo de persona es Pablo?

3. Write a short essay entitled *La juventud*.

UNIT SEVEN

UNIT SEVEN

Section A
Text

La España musulmana

En el año 711 un ejército musulmán de unos doce mil hombres bajo el mando del jefe árabe Tarik desembarcó en el lugar de la Península que hoy día llamamos Gibraltar. La llegada de los árabes en ese año inició la invasión de la Península que fue efectuada con una rapidez asombrosa. El único foco de resistencia que no se sometió al dominio árabe fue la zona remota de Asturias protegida por las montañas cantábricas, donde se mantuvo viva la tradición visigoda y cristiana que sirvió de base para la reconquista del país.

Los años de ocupación árabe son de gran interés para la historia política, religiosa y cultural de la Península. Por ejemplo, en el campo de la religión es interesante ver que los invasores no impusieron sus creencias religiosas sino que mostraron bastante tolerancia hacia los conquistados, los cuales pudieron continuar su religión. Tales cristianos solían llamarse mozárabes, españoles bajo el poder musulmán que no obstante continuaban con la religión cristiana, la lengua latina y las antiguas instituciones. Sin embargo, también hay que notar que durante el largo período de ocupación árabe la situación religiosa se modificó según las circunstancias políticas vigentes. Por ejemplo, se pueden citar las posteriores invasiones de árabes como los Almorávides y los Almohades en los siglos once y doce que mostraron gran intolerancia tanto hacia los cristianos como hacia los demás moros de la Península.

En el campo de la organización política, uno de los pasos más importantes fue el establecimiento del emirato independiente de Córdoba declarado en 756. Más tarde, esta unidad política se rompió otra vez con la aparición de estados pequeños, o taifas, que se fundaron alrededor de las grandes ciudades y que dieron lugar a muchas luchas e intrigas entre los varios reyes musulmanes produciendo una situación de conflicto que no tardaron en aprovechar los cristianos hasta que consiguieron la reconquista total en 1492 bajo los Reyes Católicos.

De gran interés también fueron las actividades intelectuales y artísticas, las cuales constituyeron una contribución de primera importancia a la vida cultural de la península. Los árabes fomentaron interés por la ciencia y las letras. Se estudiaban la religión, la filosofía, la medicina, la astronomía y la astrología, y las ciencias ocultas. Es decir, existía un florecimiento intelectual que contrastaba fuertemente con lo que en la opinión de muchos es un período de pobreza intelectual en la Europa de la Edad Media. Los escritores árabes de la época elogian constantemente la magnificencia y la belleza de la capital del emirato, la ciudad de Córdoba, donde quedan aún numerosos vestigios de aquel esplendor. La Mezquita es sin duda uno de los monumentos más destacados de la España musulmana y, juntamente con la Alhambra de Granada y la Giralda de Sevilla, representa el apogeo de la arquitectura musulmana.

El éxito de la ocupación musulmana de España se debió en parte a las condiciones climáticas y geográficas de Andalucía. Aprovechando éstas, los musulmanes establecieron un sistema de riego que formó la base de un rápido desarrollo de la agricultura. Igualmente prosperó la industria, y la Península se hizo famosa como centro de fabricación de productos tales como la lana, la seda, el papel, el vidrio, la cerámica y artículos de metal, oro, plata y cuero. La prosperidad económica hizo posible la expansión cultural que hemos comentado.

Existe diferencia de opiniones sobre la importancia de la ocupación árabe. Sin embargo, no podemos negar que el carácter de la España moderna se forjó por medio de la interacción de cristianos y moros durante los largos siglos de coexistencia e influencias recíprocas.

GLOSSARY

el ejército, *army*
el jefe, *leader*
desembarcar, *disembark, land*
la llegada, *arrival*
iniciar, *to initiate, begin*
la invasión, *invasion*

efectuar, *to carry out*
la rapidez, *rapidity*
asombroso, *amazing, astounding*
el foco, *focus*
someter, *to submit, yield*
el dominio, *domination, power*

Mezquita — Córdoba (exterior)

Mezquita — Córdoba (interior)

remoto, *remote*
proteger, *to protect*
la montaña, *mountain*
mantener, *to maintain*
servir, *to serve*
la reconquista, *reconquest*
la ocupación, *occupation*
imponer, *to impose*
la creencia, *belief*
el conquistador, *conqueror*
vigente, *in force, prevailing*
citar, *to quote*
el establecimiento, *establishment*
la pacificación, *pacification*
romper, *to break*
la aparición, *appearance*
el estado, *state, kingdom*
fundar, *to found*
dar lugar a, *to give rise to*
la lucha, *struggle*
la intriga, *intrigue*
el rey, *monarch, king*
producir, *to produce*
aprovechar, *to make use of*
la contribución, *contribution*
fomentar, *to foment*
la ciencia, *science*
las letras, *letters*
estudiar, *to study*
la religión, *religion*
la filosofía, *philosophy*
la medicina, *medicine*
la astronomía, *astronomy*
la astrología, *astrology*
oculto, *occult*
existir, *to exist*
el florecimiento, *flowering*
intelectual, *intellectual*

fuertemente, *strongly*
la pobreza, *poverty*
el escritor, *writer*
la época, *period*
elogiar, *to praise*
constantemente, *constantly*
la magnificencia, *magnificence*
la belleza, *beauty*
numeroso, *numerous*
el vestigio, *trace*
el esplendor, *splendour*
destacado, *outstanding*
juntamente, *jointly*
representar, *to represent*
el apogeo, *height, peak*
la arquitectura, *architecture*
el éxito, *success*
deber, *to owe*
climático, *climatic*
geográfico, *geographical*
establecer, *to establish*
el sistema, *system*
el riego, *irrigation*
formar, *to form*
la base, *base*
el desarrollo, *development*
la agricultura, *agriculture*
igualmente, *equally*
prosperar, *to prosper*
la industria, *industry*
hacerse, *to become*
la fabricación, *fabrication*
el producto, *product*
la lana, *wool*
la seda, *silk*
el vidrio, *glass*
la cerámica, *ceramics, pottery*
el artículo, *object*

el metal, *metal*
el oro, *gold*
la plata, *silver*
el cuero, *leather*
la prosperidad, *prosperity*
la expansión, *expansion*
comentar, *to comment on*
negar, *to refuse, deny*

el carácter, *character*
forjar, *to forge*
por medio de, *by means of*
la interacción, *interaction*
la coexistencia, *coexistence*
la influencia, *influence*
recíproco, *reciprocal*

UNIT SEVEN

Section B
Grammatical Structures

7.1. Radical-Changing Verbs

Many Spanish verbs with a stem vowel in **e** or **o** undergo the following change of stem vowel whenever the stress falls upon it: **e** > **ie** (or **i** in some verbs of the third conjugation); **o** > **ue**; this change occurs in the three singular persons and in the third person plural of the present indicative. It also occurs in the present subjunctive and the imperative singular which will be introduced in Unit 8.

7.2. Radical Changes in the Present Tense

pensar	*encontrar*	*tender*	*volver*
pienso	encuentro	tiendo	vuelvo
piensas	encuentras	tiendes	vuelves
piensa	encuentra	tiende	vuelve
pensamos	encontramos	tendemos	volvemos
pensáis	encontráis	tendéis	volvéis
piensan	encuentran	tienden	vuelven

preferir	*pedir*
prefiero	pido
prefieres	pides
prefiere	pide
preferimos	pedimos
preferís	pedís
prefieren	piden

Note also *dormir, morir, jugar*:

duermo	muero	juego
duermes	mueres	juegas
duerme	muere	juega
dormimos	morimos	jugamos
dormís	morís	jugáis
duermen	mueren	juegan

7.3. Radical Changes in the Preterite

In addition to the changes mentioned above, note also that in all radical-changing verbs of the third conjugation **e** changes to **i** and **o** changes to **u** in the third persons singular and plural of the preterite tense:

Examples: impidió   durmió
           impidieron durmieron

7.4. Radical Changes in the Gerund and the Subjunctive

Radical-changing verbs of the third conjugation also undergo this stem change in the gerund e.g. *impidiendo, durmiendo*, and in the first and second persons plural of the present subjunctive, and the whole of the imperfect subjunctive, which will be introduced in Units 8 and 9 respectively.

Examples: muramos durmiera
           muráis   durmieran

7.5. Radical Changes in Some Irregular Verbs

The radical changes **e > ie, e > i** in the irregular verbs *tener, venir, decir* have already been listed in 1.5. Note also poder: **o > ue**:

    puedo
    puedes
    puede
    podemos
    podéis
    pueden

7.6. The Passive Voice

There are several ways of rendering the passive (*I was told*, *He was hurt*) in Spanish.

(i) **ser** with the past participle:
Examples: Fue herido.
Ha sido engañado.
La lección fue explicada por el profesor.

The past participle agrees with the subject. It is important to note that the past participle is also used with the verb **estar**, though to indicate a state rather than an action.

Examples: La ventana está rota
El soldado está herido.
(Cf. El soldado fue herido en el ataque.)

(ii) using the reflexive:
Examples: Los jardines se arreglan en primavera.
Estos juguetes se rompen a menudo.

There can be ambiguity if the subject is the person:
Cf. El presidente fue herido.
El presidente se hirió.

The latter means he wounded himself. This difficulty is resolved if **se** is construed as meaning *one* (like **on** in French).

Thus: Se le hirió al presidente (note use of personal **a**).
Se la vio (*She was seen*).

Similar to this are usages such as: *Se habla español*. By analogy, the form *se vende tomates, se alquila pisos* is sometimes seen, but this is now frowned upon by grammarians. The modern usage is that of the passive above. Thus: *se venden tomates, se alquilan pisos*.

(iii) using the third-person plural:
Examples: Me dijeron que había salido.
Lo echaron a la calle.

This form is especially useful when the verb takes an indirect object.

UNIT SEVEN

Section B
Structural Exercises

1. Give the first-person singular of the following radical-changing verbs:

Example: *sentar*
           siento

pensar	despertar	jugar	contar
tender	dormir	mentir	convertir
empezar	quebrar	sentir	corregir
probar	cerrar	errar	vestir
consolar	referir	tropezar	morir

2. Put the following sentences into the passive:

Example: *El soldado asesinó al general*
           El general fue asesinado por el soldado

(i)   Un grito rompió el silencio de la noche.
(ii)   El profesor Pérez ha explicado hoy la lección.
(iii) Un coche atropelló al gato.
(iv)   La criada preparará la cena.
(v)   El juez sentenció a muerte al culpable.
(vi)   La chica riega las flores.
(vii) El sacerdote bautizó al recién nacido.
(viii) Unos guerrilleros descarrilaron el tren.
(ix)   Pérez Galdós escribió muchas de las mejores novelas del siglo XIX.
(x)   El paro lo crea el gobierno y no los sindicatos.

3. In the following sentences, give the appropriate form of the verb:

Example: **jugar** : *Los niños ..... en la plaza*
                      Los niños juegan en la plaza

(i)   **dormir** : Los hermanos ... en la misma habitación.

(ii) **preferir** : Yo ..... el chocolate.
(iii) **morir** : El rey ..... el sábado pasado.
(iv) **fregar** : La muchacha ..... los platos antes de acostarse.
(v) **doler** : Me ..... la pierna.
(vi) **medir** : Ayer Juan ..... el perímetro de su jardín.
(vii) **soler** : Ellos ..... dar un paseo antes de cenar.
(viii) **sentir** : Nosotros ..... no poder veros hoy.
(ix) **repetir** : El profesor dice las frases y los alumnos las .....
(x) **soñar** : El prisionero ..... con la libertad.

4. Give the gerund and past participles of the following verbs:

Example: *comprar*
comprando/comprado

hacer	comer	volver	cambiar
reñir	herir	ir	partir
llorar	sentar	ver	acordar
escribir	sentir	soltar	morir
decir	avanzar	reír	encender

5. Give the appropriate form of the verb:

Example: **herir** : *La chica fue .....*
La chica fue herida

(i) **romper** : Las ventanas están .....
(ii) **llevar** : Los soldados fueron ..... a la cárcel.
(iii) **cultivar** : La tierra fue ..... por el labrador.
(iv) **desterrar** : Los gitanos están acostumbrados a ser .....
(v) **convertir** : El palacio ha sido ..... en hotel.
(vi) **seguir** : Tres días .....
(vii) **dormir** : La niña está .....
(viii) **despertar** : Yo fui ..... por el canto del gallo.
(ix) **tostar** : Me gusta pan ..... con mermelada.
(x) **escribir** : Todas las cartas están ..... ya.

6. Say the following sentences in a different way:

Example: *Se me hirió*
           Yo fui herido

(i) Se me dijo que Juan había salido.
(ii) Le condujeron al Ayuntamiento.
(iii) Nos despertaron a las seis.
(iv) Aquí se habla inglés.
(v) Hemos sido desterrados.
(vi) Encierran a los perros todas las noches.
(vii) La casa fue abandonada.
(viii) Se suspende la sesión.
(ix) La mayoría de los alumnos han sido aprobados.
(x) Se calentó el agua.

7. Put the following sentences into indirect speech:

Example: – *Iré a casa mañana* – *dijo Juan*
           Juan dijo que iría a casa mañana

(i) – He aprobado mis exámenes – dijo Magdalena.
(ii) – Saldremos mañana a las siete – dijo Pablo.
(iii) – No me gusta nadar – dije.
(iv) – No abandonaremos nunca esta casa – dijimos todos a la vez.
(v) – Mi perro desapareció el lunes pasado – dijo María.
(vi) – Me dicen que todos le están buscando – contestó Isabel.
(vii) – Luis se ha marchado a París – dijo Pedro.
(viii) – Yo suelo trabajar hasta las dos de la madrugada – dijo Ana.
(ix) – Mis padres vendrán a vernos un día de éstos – dijo Juan.
(x) – Los sindicatos son la causa de todos los males del país – afirmó Jorge.

UNIT SEVEN

Section C
Language Laboratory Exercises

1. Give the first-person singular of the following radical-changing verbs:

Example: *advertir*
          advierto

tender	encontrar	hervir	atender
pensar	colgar	contar	confesar
volver	quebrar	torcer	sembrar
dormir	competir	expedir	sentar
impedir	defender	mover	referir

2. Put the following sentences into the passive:

Example: *Velázquez pintó este cuadro*
          Este cuadro fue pintado por Velázquez

(i) Los ingleses vencieron a los franceses.
(ii) El prisionero hirió al guardia.
(iii) El primer ministro presentó al nuevo embajador.
(iv) El carpintero arregló la silla.
(v) El rey aprobó el decreto.
(vi) El profesor explicaba la lección.
(vii) Los extranjeros ven a España de una manera interesante.
(viii) Los romanos invadieron la ciudad.
(ix) El sargento disparó la pistola.
(x) Los terroristas secuestraron el avión.

3. Give the appropriate form of the verb in the following sentences:

Example: *El guardia (**pitar**) en la calle todas las mañanas*
          El guardia pita en la calle todas las mañanas

(i) La mujer del señor Gómez (**ir**) al mercado ayer.
(ii) Yo (**pensar**) mucho en mis exámenes pero no estudio mucho.
(iii) Cuando le pregunté, él (**mentir**).
(iv) Le (**advertir**) que hará mucho calor allí en esa época.
(v) ¿Cuantas personas (**venir**) por allí la semana pasada?
(vi) Mientras nos esperaba se (**dormir**).
(vii) Al oír la noticia ella (**sentir**) gran tristeza.
(viii) Yo (**jugar**) mucho con los niños cuando voy a verlos.
(ix) Yo no (**consentir**) hacerlo pero no le importó.
(x) Me (**arrepentir**) ahora de haberle criticado.

4. Give the gerund and past participle of the following verbs:

Example: *comprar*
           comprando/comprado

mentir	recibir	soltar	describir
pedir	volver	escribir	estar
hacer	morir	derretir	hervir
romper	ir	divertir	seguir
dormir	ser	montar	convertir

5. In the following sentences, give the appropriate form of the verbs:

Example: *El ladrón fue (**ver**) en el centro de la ciudad*
           El ladrón fue visto en el centro de la ciudad

(i) ¿Cuántos coches han sido (**vender**) esta tarde?
(ii) ¿Cuántos soldados fueron (**herir**) en esa batalla?
(iii) He sido (**ver**) varias veces por ellos.
(iv) Este trabajo fue muy bien (**hacer**).
(v) Ellos han sido (**seducir**) por esta ciudad encantadora.
(vi) Los ejercicios son (**corregir**) por el profesor.
(vii) Esta novela ha sido (**escribir**) en dos meses.
(viii) Estos coches fueron (**fabricar**) en Madrid.
(ix) El equipo fue (**dominar**) por el contrario.
(x) El plan ha sido (**describir**) en detalle.

6. Say the following sentences in a different way:

Example: *Ella fue herida*
           Se la hirió

(i)   La conferencia fue pronunciada.
(ii) La tarea fue acabada.
(iii) El coche fue vendido.
(iv) Ellos fueron vistos en el cine.
(v)   ¿Cuántos han sido comprados?
(vi) La casa fue reparada.
(vii) El profesor fue despedido.
(viii) Su intervención fue bien recibida.
(ix) El asunto ha sido cerrado.
(x)   La noticia ha sido recibida hoy.

7. Put the following into indirect speech:

Example: – Vendré mañana – dije
           Dije que vendría mañana

(i)   – No me gusta en absoluto – observé.
(ii)   – ¿Cuándo vendrán ellos? – pregunté.
(iii) – ¿Cómo estás? – me preguntó.
(iv)   – ¡Voy a marcharme! – exclamé.
(v)   – Me gustaría ir a España – pensé.
(vi)   – ¿Os vais a quedar aquí? – les pregunté.
(vii) – Lo haré la semana próxima – les prometí.
(viii) – Ellos no vendrán más – me aseguró.
(ix)   – Voy a estudiar mucho – afirmé.
(x)   – Si no me lo dan, no lo haré – dije.

8. Repeat the following sentences:

(i)   El padre ha muerto esta mañana.
(ii)   La obra fue terminada en dos semanas.
(iii) El mintió una y otra vez.
(iv)   El chico estaba aburrido y terminó por dormirse.
(v)   Yo pienso, Uds. piensan, todos pensamos.
(vi)   El me ha escrito con frecuencia desde que está en Barcelona.
(vii) El conserje me ha dicho que la oficina ya está cerrada.
(viii) ¿Cuántos ejercicios tienes ya preparados?
(ix)   Vamos a recapitular sobre lo que ya tenemos hecho.
(x)   No hay derecho a que ellos duerman mientras nosotros trabajamos.

UNIT SEVEN

Section D
Consolidation and Development

Maite y Manolo acaban de comer y están sentados en el sofá tomando el café.

MAITE: ¿Te apetece un licor?
MANUEL: ¿Por qué no? Tengo ganas de descansar esta noche. Trae dos copas y vamos a probar aquella botella de Carlos III que nos regaló Enrique.
MAITE: Aquí está. Toma. Sírvelo tú.
MANUEL: Muy bien. ¿Qué tienes que contarme? ¿Qué has hecho hoy?
MAITE: Pues nada. Como de costumbre. Limpiando la casa, cocinando. Preparé un montón de cosas para el congelador. Ah, sí, casi se me olvidaba. Fui al supermercado y me encontré con Teresa. Por cierto, hacía muchísimo tiempo que no la veía, y fuimos a tomar café a la nueva cafetería que acaban de abrir en la calle Sierpes.
MANUEL: ¿Os gustó?
MAITE: Sí, es un sitio muy acogedor y además los pasteles son riquísimos. Teresa me contó que piensan ir de vacaciones a Inglaterra. No han estado nunca y un día de éstos Juan pasará por tu oficina para hablarte.
MANUEL: ¡Déjame de trabajo ahora! Ha sido una semana fatal. ¡Sólo quejas! ¿Te acuerdas de la nueva excursión que organizamos para esa firma inglesa, Sunfun Holidays? Ha sido un desastre. Llegamos a un acuerdo con ellos. Cada empresa se encargaría de su propia organización pero nosotros les representaríamos en España y ellos a nosotros en Inglaterra. Por nuestra parte todo salió bien pero por parte de ellos ha habido un sinfín de problemas. ¡Fíjate! Llegaron unos cien turistas pero habían reservado sólo habitaciones para cuarenta, y todo por un error de comunicación entre un nuevo empleado de la agencia inglesa y el hotel.

MAITE: ¿Y cómo se solucionó?
MANUEL: Pues según nuestro acuerdo la responsabilidad de solucionar cualquier problema que ocurra cae sobre nuestros hombros, así que en seguida nos telefonearon desde el hotel. Pedro tuvo que salir inmediatamente para Málaga. En pleno verano, como te puedes imaginar, es casi imposible encontrar alojamiento así de pronto, pero afortunadamente Pedro llamó al hotel Cervantes de Benidorm que acaba de contruirse y sólo ha aceptado clientes desde hace un mes. Gracias a su iniciativa los ingleses aceptaron la propuesta – les da igual tomar el sol en Benidorm que en Málaga. Alquilamos un autocar, les dimos una cena gratis y una botella de champán, y el problema desapareció. Pero pasamos unas horas terribles, y si no hubiera sido por Pedro no sé lo que habríamos hecho.
MAITE: ¿Y vais a continuar con el acuerdo?
MANUEL: Probablemente. Siempre surgen problemas de este tipo al principio, y si no ocurren con demasiada frecuencia renovaremos el acuerdo el año que viene. De este modo ambas agencias economizamos bastante, por lo menos el salario de un empleado. Y éste fue sólo uno de los problemas de esta semana, pero no voy a marearte contándotelos todos. A veces me pregunto si hice bien en aceptar este puesto. Aunque parezca raro decirlo, la vida en Madrid era más tranquila.
MAITE: No te preocupes. Olvídate de esta semana. Ya veremos qué nos trae la que viene.

Exercises:

1. Write in Spanish an account of Manuel's story from the point of view of one of the English tourists involved.

2. Comprehension.

(i) ¿Qué acaban de hacer Manolo y Maite?
(ii) ¿Dónde están?
(iii) ¿Qué le apetece a Manolo?
(iv) ¿Cómo ha pasado el día Maite antes de salir?
(v) ¿Con quién se encontró?
(vi) ¿De qué hablaron?
(vii) Por qué les gustó la nueva cafetería?
(viii) Según Manolo ¿por qué van los turistas ingleses a España?
(ix) ¿Por qué no le cuenta Manolo todos sus problemas a Maite?
(x) ¿Está contento Manolo en Sevilla?

3. Write a short essay entitled *Las vacaciones*.

UNIT EIGHT

UNIT EIGHT

Section A
Text

Felipe II

Los siglos dieciséis y diecisiete comprenden uno de los períodos de más importancia en la historia de España, "el siglo de oro" que se extendió desde mediados del siglo dieciséis hasta mediados del diecisiete. En términos generales, podemos decir que durante la mayor parte de esta época, España, ya unida políticamente por los Reyes Católicos, sobresalió como una de las naciones más ricas y poderosas con un imperio que abarcaba el Nuevo Mundo.

El rey que gobernó este imperio con minucioso cuidado desde 1556 a 1598 fue Felipe II. Durante el transcurso de los siglos la figura de Felipe II, hijo del emperador Carlos V, ha suscitado enorme interés y diversos comentarios. Esto se debe en parte a que su reinado marcó tanto el apogeo del imperio español como el comienzo del proceso de decadencia. Esta dualidad, además, ha sido relacionada con actitudes religiosas e intelectuales de la época que se vieron enfrentadas en un choque entre tolerancia e intolerancia y que se manifiestan en muchos de los procesos de bien conocidos humanistas como Luis de León. Felipe II ha sido visto por muchos como el campeón de la Inquisición, y, por lo tanto, como un rey autoritario y represivo, culpable de viles intrigas, por ejemplo, contra su secretario, Antonio Pérez, y responsable por el aislamiento cultural de España. Por otra parte, otros le han elogiado como el gran defensor de la ortodoxia y de la unidad, como el símbolo de lo español. Estas opiniones opuestas han dado lugar a las así llamadas "leyenda negra" y "leyenda dorada", pero como casi siempre ocurre en estas divergencias de perspectiva histórica, la realidad se encuentra en un punto intermedio entre los extremos. La figura de Felipe II es verdaderamente más compleja de lo que las ideas tradicionales nos puedan hacer pensar.

Desde luego, la gran preocupación de este monarca fue la defensa de la religión católica. Según Carlos V le había aconsejado en una de las cartas de instrucciones, Felipe II nunca dejó de tener a Dios delante de los ojos y siempre trató de sustentar y favorecer la fe católica. Fueron los principios religiosos los que guiaron su política en las distintas esferas de acción: por ejemplo, en las luchas dinásticas con Francia, en su empeño en enviar la famosa Armada, bajo el mando del duque de Medina Sidonia, contra Inglaterra en 1588, en la defensa del mediterráneo contra la amenaza turca que sufrió la bien conocida derrota de Lepanto en 1571, y especialmente en su oposición hacia los protestantes de la Europa reformista. Esta oposición fue uno de los factores que le enredaron en el difícil conflicto de los Países Bajos que requirió cada vez más tiempo y dinero, contribuyendo así a la debilitación de su gobierno y a la creación de la imagen del monarca represivo.

Pero Felipe II presenta también otros rasgos como persona y rey. Los historiadores más recientes nos lo enfocan como hombre y padre, como rey totalmente consagrado al servicio de su país y a la justicia, como persona culta y patrocinador de las artes, y como gran admirador de la naturaleza. En efecto, es curioso observar cómo fue precisamente durante el reinado de este monarca, para muchos la antítesis de la libertad de pensamiento, que empezó ese florecimiento de las artes que luego produjo figuras como Cervantes en la novela, Calderón de la Barca y Lope de Vega en el teatro, y El Greco y Velázquez en la pintura. Hoy día podemos ver numerosos cuadros de estos pintores en el Museo del Prado en Madrid que contiene una magnífica colección legada al país en gran parte por Felipe II. En el campo de la arquitectura, resalta el imponente palacio/monasterio de El Escorial, construido por orden de Felipe, lugar desde donde él dirigió personalmente los asuntos del imperio español. La famosa biblioteca de El Escorial contiene una colección de libros y manuscritos que ofrecen claro testimonio de la labor intelectual llevada a cabo por los humanistas de las últimas décadas del siglo dieciséis.

Podríamos citar otros ejemplos del florecimiento de las artes durante "el siglo de oro" pero lo dicho es suficiente para subrayar la riqueza y complejidad de una época y un reinado a menudo vistos con demasiados prejuicios. Hoy día podemos apreciar con cierta imparcialidad que Felipe II no fue ni un tirano ni un santo sino un rey de su tiempo. De igual manera, su reinado no fue solamente un período de poder y gloria sino que contuvo en sí los gérmenes de la decadencia que habría de caracterizar la historia de España en años posteriores.

El Escorial

(courtesy of Frank Park)

Plaza de la Villa — Madrid

(courtesy of Frank Park)

GLOSSARY

el siglo, *century*
el período, *period*
a mediados de, *in the middle of*
el término, *term*
unido, *united*
políticamente, *politically*
sobresalir, *to stand out*
la nación, *nation*
rico, *rich*
poderoso, *powerful*
el imperio, *empire*
abarcar, *to include, embrace*
gobernar, *to govern*
minucioso, *meticulous*
el cuidado, *care*
el transcurso, *passage*
la figura, *figure*
el hijo, *son*
el emperador, *emperor*
suscitar, *to arouse*
diverso, *diverse*
el comentario, *comment*
en parte, *in part*
el reinado, *reign*
marcar, *to mark*
el comienzo, *beginning*
el proceso, *process, trial*
la decadencia, *decadence*
la dualidad, *duality*
relacionar, *to relate*
la actitud, *attitude*
religioso, *religious*
enfrentar, *to confront*
el choque, *clash*
la tolerancia, *tolerance*
la intolerancia, *intolerance*

manifestar, *to manifest*
el humanista, *humanist*
el campeón, *champion*
la Inquisición, *Inquisition*
establecer, *to establish*
los abuelos, *grandparents*
autoritario, *authoritarian*
represivo, *repressive*
culpable, *guilty*
vil, *vile*
el aislamiento, *isolation*
defensor, *defender*
la ortodoxia, *orthodoxy*
el símbolo, *symbol*
opuesto, *opposed*
la leyenda, *legend*
la divergencia, *divergence*
la perspectiva, *perspective*
intermedio, *intermediate, middle*
el extremo, *extreme*
verdaderamente, *truly, really*
complejo, *complex*
la idea, *idea*
tradicional, *traditional*
la preocupación, *preoccupation*
la defensa, *defence*
católico, *Catholic*
aconsejar, *to advise*
la carta, *letter*
la instrucción, *instruction*
dejar de, *to cease* (+ Inf.)
tratar, *to try to*
sustentar, *to support, to uphold*
favorecer, *to favour*
la fe, *faith*
el principio, *principle*

GLOSSARY (cont.)

guiar, *to guide*
distinto, *different*
la esfera, *sphere*
la acción, *action*
dinástico, *dynastic*
el empeño, *determination*
enviar, *to send*
el mando, *command*
la amenaza, *threat*
turco, *Turkish*
la derrota, *defeat*
la oposición, *opposition*
el protestante, *Protestant*
reformista, *Reformation* (adj.)
el factor, *factor*
enredar, *to entangle*
el conflicto, *conflict*
requerir, *require*
el dinero, *money*
contribuir, *to contribute*
la debilitación, *weakening*
el gobierno, *government*
la creación, *creation*
la imagen, *picture*
reciente, *recent*
enfocar, *to focus*
el padre, *father*
consagrar, *to devote*
el servicio, *service*
la justicia, *justice*
culto, *cultured*
patrocinador, *patron*
las artes, *arts*
el admirador, *admirer*
la naturaleza, *nature*
en efecto, *in effect*

observar, *to observe*
precisamente, *precisely*
la antítesis, *antithesis*
la libertad, *freedom*
el pensamiento, *thought*
el teatro, *theatre*
la pintura, *painting*
hoy día, *today, nowadays*
el pintor, *painter*
contener, *to contain*
legar, *to bequeath*
resaltar, *to stand out, be outstanding*
imponente, *imposing*
el palacio, *palace*
el monasterio, *monastery*
construir, *to build*
la orden, *order*
dirigir, *to direct*
el asunto, *matter*
la biblioteca, *library*
la colección, *collection*
el libro, *book*
el manuscrito, *manuscript*
el testimonio, *witness*
la labor, *labour*
llevar a cabo, *to carry out*
la década, *decade*
subrayar, *to underline*
la complejidad, *complexity*
a menudo, *often*
el prejuicio, *prejudice*
apreciar, *to assess*
la imparcialidad, *impartiality*
el tirano, *tyrant*
el germen, *germ, source*
posterior, *subsequent*

UNIT EIGHT

Section B
Grammatical Structures

8.1. The Present Subjunctive:

The present subjunctive of the three conjugations is as follows:

1st Conjugation	2nd Conjugation	3rd Conjugation
hable	beba	viva
hables	bebas	vivas
hable	beba	viva
hablemos	bebamos	vivamos
habléis	bebáis	viváis
hablen	beban	vivan

The present subjunctive is formed from the first-person singular of the present indicative of all verbs in which that person ends in -o. The exceptions are therefore:

    dar   : dé   des   dé   demos   deis   den.
    estar : esté   estés   esté   estemos   estéis   estén
    haber : haya   hayas   haya   hayamos   hayáis   hayan
    ir   : vaya   vayas   vaya   vayamos   vayáis   vayan
    saber : sepa   sepas   sepa   sepamos   sepáis   sepan
    ser   : sea   seas   sea   seamos   seáis   sean

Cf. conocer − conozco   − conozca etc.
     venir   − vengo   − venga etc.
     caber   − quepo   − quepa etc.
     poner   − pongo   − ponga etc.

Note:

Radical-changing verbs undergo a change of stem under stress as in the indicative:
    acueste   − acostemos
    despierte − despertemos

8.2. The Perfect Subjunctive

The perfect subjunctive is formed by combining the present subjunctive of **haber** with the past participle:
haya hablado
hayas hablado
haya hablado
hayamos hablado
hayáis hablado
hayan hablado

8.3. The Use of the Subjunctive in Subordinate Clauses

(i) After verbs, adjectives and nouns implying influence on others:
Quiero que salgas.
Me pide que vuelva.
Nos dice que nos vayamos.
Es indispensable que hablemos con Ud.

Note:

With certain verbs (e.g. *impedir, permitir, mandar, prohibir*) the infinitive may be used as an alternative to the subjunctive:
Examples: Me mandó salir.
Nos prohibió seguir.

(ii) When there is an implication that the statement in the subordinate clause is contrary to fact:
No creo que venga hoy.
Dudo que sea él.
Es increíble que tengan hijos.

(iii) Following expressions of possible or probable action:
Es posible que ella lo haya dicho.

(iv) After conjunctions which introduce future or possible actions:
Yo saldré cuando ella venga.
Se lo diremos cuando le veamos.
Aguardaremos aquí hasta que hayan terminado.

Note:

There are of course cases where the action has been completed and therefore an indicative is used:
    Yo salí cuando ella vino.
    Se lo decíamos cuando lo veíamos.
    Aguardamos aquí hasta que terminó.

However, the following conjunctions always take the subjunctive:
    antes de que   a condición de que
    para que   con tal que
    sin que   a no ser que
        a menos que

Examples: Siempre se marcha antes de que el cura llegue.
    Escribe cartas para que le contesten.
    Lo haremos sin que mi madre lo sepa.
    Yo iré con tal que tú vayas también.

(v)   After an indeterminate antecedent:
    ¿Conoces algún español que hable ruso?
    No encuentro nadie que me arregle el coche.

(vi)   After expressions of emotion:
    Me alegro de que hayas venido.
    Les extraña que no te guste el té.

8.4. The Imperative

The forms for commands and exhortations are provided by the imperative and the present subjunctive. The imperative form exists only for positive commands in the second persons familiar, and it is formed as follows:

(i)   Verbs ending in **-ar**: add **-a** (sing.), **-ad** (pl.) to the stem e.g. *mandar: manda, mandad*

(ii)   Verbs ending in **-er**: add **-e** (sing.), **-ed** (pl.) to the stem e.g. *comprender: comprende, comprended*

(iii)   Verbs ending in **-ir**: add **-e** (sing.), **-id** (pl.) to the stem e.g. *escribir: escribe, escribid*.

For all other exhortations and commands the present subjunctive is used.

Examples: No compres este coche.
    Que lo haga Carmen.
    Escuchemos al profesor.
    Perdóneme.
    No vengas conmigo.
    Que no nos oigan.

In addition to the above, note **vamos a** + *infinitive* which often replaces commands in the first-person plural e.g. *vamos a hacerlo*.
Weak object pronouns are attached to the end of positive imperatives as follows:
        Abre el armario   – ábrelo
        Comprad los libros – compradlos
With the first-person plural of the subjunctive, the final s is omitted before an attached **nos** e.g. *levantemos, levantémonos*, and similarly the final d is omitted after an attached **os**, e.g. *levantad, levantaos*. These changes, therefore, relate to reflexive verbs.

Note the following irregular imperatives:
    decir: di, decid   **oír**: oye, oíd   **tener**: ten, tened
    estar: está, estad   **poner**: pon, poned   **valer**: val, valed
    hacer: haz, haced   **salir**: sal, salid   **venir**: ven, venid
    ir: ve, id   **ser**: sé, sed

Note:

In the case of radical-changing verbs, the stem vowel of the singular imperative, being stressed, diphthongises in the usual way:
Examples: cuenta
              empieza
              duerme
              pide

UNIT EIGHT

Section B
Structural Exercises

1. Turn the following into the present subjunctive:

Example: voy
           vaya

compro	morimos	hago	llevamos
venimos	cantan	cenamos	rompemos
escribís	dedicamos	pedís	salimos
produzco	sé	volvemos	producen
levantas	traemos	tenéis	quiero

2. Supply the appropriate form of the verb:

Example: **escribir** : *Quiere que yo* . . . . .
                        Quiere que yo escriba

(i)   **venir**   : Desea que nosotros . . . . .
(ii)   **traer**   : Quieren que yo lo . . . . .
(iii) **decir**   : Me han ordenado que se lo . . . . .
(iv)   **ir**   : Me ha dicho que . . . . .
(v)   **ser**   : Niegan que . . . . . así.
(vi)   **ocurrir** : Es posible que . . . . . un accidente.
(vii) **hacer**   : Cuando nosotros lo . . . . . , te lo daremos.
(viii) **terminar** : Quédate aquí hasta que Juan lo . . . . .
(ix)   **haber**   : No es posible que yo lo . . . . . visto.
(x)   **entender** : No hay quien . . . . . este lío.

3. Give the imperative familiar singular and plural of the following verbs:

145

Example: *arreglar*
          arregla, arreglad

comprar	romper	tener	comenzar
escribir	traer	soltar	salir
decir	decidir	volver	hacer
vender	hablar	poner	saludar
pitar	dedicar	parar	ser

4. Turn the following commands into the negative:

Example: *Arréglalo*
          No lo arregles

(i) Hazlo.
(ii) Escribidles.
(iii) Ven aquí.
(iv) Poned los ejercicios ahí.
(v) Vende el coche.
(vi) Bebed mucho.
(vii) Jugad en el jardín.
(viii) Daos prisa.
(ix) Descansad.
(x) Decídselo.

5. Supply the indicative or subjunctive as appropriate:

Example: **venir** : *Cuando él ....., iré con él*
          Cuando él venga, iré con él

(i) **hacer** : Cuando yo lo ....., se lo daré.
(ii) **venir** : Cuando él ..... aquí, charlamos mucho.
(iii) **decir** : Hasta que yo se lo ....., estaré inquieto.
(iv) **ver** : Siempre que nosotros la ....., la saludamos.
(v) **ir** : Cuando yo ..... a Madrid, no dejaré de visitar el Museo del Prado.
(vi) **visitar** : Decídselo cuando la .....
(vii) **explicar** : Cuando ese profesor ..... la lección, la entendemos fácilmente.
(viii) **escribir** : Cuando ellos nos ....., sabremos lo que ha ocurrido.
(ix) **haber** : Con tal que Pedro lo ..... hecho, no habrá problema.
(x) **estar** : Siempre que ..... en Sevilla, como en ese restaurante.

6. In the following sentences, supply the perfect subjunctive:

Example: ocurrir : *Es posible que* .....
                     Es posible que haya ocurrido

(i)   **hacer**   : Cuando nosotros lo ....., se lo daremos.
(ii)   **terminar** : Cuando yo lo ....., lo verás.
(iii) **ver**   : Con tal que nosotros los ..... para entonces, podremos ir.
(iv)   **escribir** : Cuando él ..... su tesis, se marchará de vacaciones.
(v)   **oír**   : Es posible que él ..... lo que dijimos.
(vi)   **salvarse** : Es un milagro que se ..... ellos.
(vii) **aprobar**   : Me alegro muchísimo de que vosotros ..... los exámenes.
(viii) **ser**   : ¡Es posible que tú ..... tan estúpido!
(ix)   **vender**   : No estoy seguro de que ella lo .....
(x)   **marcharse** : Cuando ellos se ....., descansaremos.

7. Turn the following direct commands into indirect commands:

Example: – *¡Hazlo! – me dice él*
            El me dice que lo haga

(i)   – ¡Venid aquí! – nos dice ella.
(ii)   – ¡Sé bueno! – me dice mi madre.
(iii) – ¡Pasen por aquí! – les dice el botones.
(iv)   – ¡No hagáis eso! – les ordena el profesor a los alumnos.
(v)   – ¡Dame el libro! – me pide él.
(vi)   – ¡Dejadme entrar! – nos ruega él.
(vii) – ¡Hazlo bien! – me encarga el jefe.
(viii) – ¡No dejes de escribirme! – me repite mi madre.
(ix)   – ¡Callaos! – nos grita el guardia.
(x)   – ¡Dímelo! – me dice ella.

UNIT EIGHT

Section C
Language Laboratory Exercises

1. Give the present subjunctive of the following indicatives:

Example: *flotan*
           floten

hablan	conoce	compráis	vale
quepo	ponen	voy	dan
vamos	sabemos	ven	comprendes
comemos	partes	explicamos	une
sois	acuesto	hacen	asistimos

2. Supply the correct form of the subjunctive:

Example: **ir** : *Yo quiero que ellos* . . . . .
                    Yo quiero que ellos vayan

(i)   **salir**   : Se empeña en que nosotros . . . . .
(ii)   **estudiar** : Por mucho que . . . . . , no aprobará nunca.
(iii) **morir**   : Antes de que . . . . . , quiere visitar su tierra natal.
(iv)   **venir**   : Prefiero que no . . . . . los ingleses.
(v)   **limpiar** : Busco una criada que me . . . . . la casa.
(vi)   **tener**   : ¿Qué importa que nosotros . . . . . dinero o no?
(vii) **ser**   : Es posible que . . . . . así.
(viii) **volver**   : Nos quedaremos aquí hasta que nuestros primos . . . . .
(ix)   **pensar**   : Te aconsejo que lo . . . . . bien.
(x)   **hacer**   : Quiero que Uds. . . . . . lo mismo.

3. Give the singular and plural familiar imperatives of the following verbs:

Example: *hablar*
           habla/hablad

comer	vencer	contar	despertar
salir	ser	cerrar	escribir
empuñar	dormir	poner	callar
oír	ir	escuchar	sentir
resolver	abrir	levantar	sentarse

4. Turn the following commands into the negative:

Example: *Hazlo*
           No lo hagas

(i) Venga conmigo.
(ii) Dile que se vaya.
(iii) Coman Uds. el chocolate.
(iv) Escríbeles mañana.
(v) Sentémonos aquí.
(vi) Volved a vuestras casas.
(vii) Búsquelos en el jardín.
(viii) Vete.
(ix) Acuéstate temprano esta noche.
(x) Sé bueno.

5. Supply the indicative or subjunctive of the verb as appropriate:

Example: **venir** : *Dudo que él .....*
                     Dudo que él venga

(i) **poder**   : Me alegro de que tú ..... venir.
(ii) **decir**   : Es increíble que ella ..... eso.
(iii) **venir**   : Estoy seguro de que ellos .....
(iv) **olvidarse** : Espero que el profesor no ..... de mí.
(v) **hacer**   : Nos pide que lo .....
(vi) **levantarse**: Arreglaremos la casa antes de que nuestra madre .....
(vii) **llegar**   : Te avisaré en cuanto ..... los clientes.
(viii) **marcharse**: Yo me quedo siempre hasta que él .....
(ix) **ver**   : Le daré la carta cuando lo .....
(x) **decir**   : No cabe duda de que el presidente ..... lo mismo mañana.

6. Give the perfect subjunctive in the following sentences:

Example: ver : *Es posible que el policía nos . . . . .*
                  Es posible que el policía nos haya visto

(i) **trabajar** : Es posible que Juan . . . . . toda la semana.
(ii) **venir** : Siento que tú no . . . . . también.
(iii) **hablar** : Salió sin que nadie le . . . . .
(iv) **morir** : Es triste que aquel artista . . . . . tan joven.
(v) **reñir** : No creo que los hermanos . . . . .
(vi) **entender** : ¿Es posible que ellos no . . . . . lo que dijo?
(vii) **llevarse** : Me alegro de que vosotros . . . . . bien.
(viii) **descubrir** : Me temo que la policía . . . . . la verdad.
(ix) **ayudar** : Es increíble que el cónsul no os . . . . .
(x) **salir** : Dudo que . . . . . así.

7. Turn the following commands into indirect speech:

Example: *Juan les dice: – Salid*
           Juan les dice que salgan

(i) La madre aconseja a sus niños: – Comprad unos lápices.
(ii) Mi padre me dice: – Ten cuidado.
(iii) El profesor les manda a los alumnos: – Cierren la puerta.
(iv) María le dice a su novio: – Haz lo que quieras.
(v) – No salgas con Juan hoy, – me dice el maestro.
(vi) – Isabel, pon la mesa, – dice la dueña del hotel.
(vii) Mi hermana siempre nos dice: – No gritéis tanto.
(viii) – Ve a misa todos los domingos, – me aconseja el cura.
(ix) – No subas al autobús antes de que pare, – grita el cobrador.
(x) – No leas mis libros, – le dice el director al empleado.

8. Repeat the following sentences:

(i) Ama a tu prójimo como a ti mismo.
(ii) Solía acompañar al médico en sus visitas y a veces le conducía el coche.
(iii) Las flores están marchitas, hay que regarlas con más frecuencia.
(iv) El jinete entró en el patio y saludó a todos los amigos que le esperaban.
(v) ¡Cállate! Estoy harto de escuchar tus quejas.

(vi) Existe la posibilidad de que no vuelva; dice que preferiría ganarse la vida en otro país.
(vii) Es preciso que pintemos la casa antes de que lleguen mis abuelos.
(viii) Eso está bien, con tal de que no venga por aquí pidiendo más dinero.
(ix) Yo me despediré de ellos en cuanto haya terminado mi trabajo.
(x) La mayor parte de los alumnos ha aprendido bien la lección.

UNIT EIGHT
Section D
Consolidation and Development

Después de desayunar, Maite baja a la portería en el ascensor y recoge unas cartas que el cartero ha dejado. Cuando sube, Manuel está esperando para ver lo que hay antes de marcharse para la oficina.

MANUEL: ¿Hay algo interesante hoy?
MAITE: A ver, el recibo de la luz y del teléfono. Siempre llegan juntos, y una tarjeta postal de Londres de Juan y Teresa. Según parece, lo están pasando muy bien pero el tiempo, como de costumbre, está un poco inestable. Vuelven el día siete y Juan te da las gracias otra vez por tu ayuda y promete traerte una botella de ginebra. ¡Fíjate! ¡qué sitio más bonito! ¡La Torre de Londres! Y los guardias con estos uniformes que me hacen tanta gracia.
MANUEL: Bueno, y la carta ¿de quién es?
MAITE: Es de Marisé. ¿Te acuerdas de ella? Eramos compañeras de curso en Madrid.
MANUEL: ¡Ah sí! Me suena el nombre. Es la chica que se casó con Carlos, el arquitecto.
MAITE: Pues sí. Parece que quiere venir a visitarnos. Su marido tiene algo que arreglar en Sevilla.
MANUEL: Léemela mientras preparo mis papeles.
MAITE: Bien, "Queridos amigos Maite y Manolo: Espero que estéis bien los dos y que no os sorprendáis al recibir esta carta después de tanto tiempo sin noticias nuestras. Supimos recientemente por tu primo que os habíais marchado a Sevilla. Espero que todo os haya salido bien. Nosotros todavía seguimos en Valladolid porque Carlos está muy contento con su firma, pero da la casualidad que han firmado algunos contratos nuevos en Andalucía y tenemos que ir a Sevilla a finales de mayo. Sería maravilloso si nos pudiéramos ver. Hace tantos años que no nos vemos, y además, tendríais la oportuni-

dad de conocer a nuestros hijos. Jacobo está ya bastante mayorcito, tiene dos años, y no sé si sabéis que hace tres meses tuve una niña, es muy mona y a diferencia de Jacobo cuando tenía esa edad, duerme toda la noche. Pero no os preocupéis por nada. Nos quedaremos en un hotel. Maite, tú y yo nos veremos durante el día y quizás una noche sea posible arreglar algo para salir todos juntos a cenar.

No te molestes en contestarme. Te llamaré en cuanto llegue a Sevilla el día 28 por la tarde. Aunque tu primo me dio tus señas no me dio tu número del teléfono pero lo buscaré en la guía.

No te voy a contar más noticias por ahora. Lo dejo para cuando nos veamos.

Un fuerte abrazo para ti y Manolo de vuestros amigos Marisé y Carlos."

MANUEL: Muy bien. Sería muy agradable vernos otra vez. Pero mira, son las nueve menos cuarto. Tengo que marcharme en seguida. Luego charlaremos.

Cuando Manuel llega a la oficina tiene otras cartas. La mayoría son de rutina, por ejemplo, pidiendo folletos sobre las diversas excursiones que ofrece la firma. Otras son de carácter más importante que requieren una consideración más detenida, como la siguiente:

Córdoba, 22–4–1982

Muy señores nuestros:

Siento tener que escribirles de nuevo pero todavía no he recibido contestación a mi carta del 15 del corriente. Por lo tanto me dirijo a Uds. de nuevo para repetir mis quejas con referencia a nuestras recientes vacaciones en Francia.

Como ya he explicado en mi carta anterior, estas vacaciones fueron un desastre desde el principio hasta el fin por las siguientes razones:

(1)   El vuelo tuvo un retraso de quince horas durante las cuales tuvimos que esperar en el aeropuerto. Pasamos la noche entera en vela y sin comer.

(2)   El hotel no era en absoluto de la calidad indicada en su folleto. No todas las habitaciones, incluyendo la nuestra, tenían ducha, lo cual nos causó cierta incomodidad.

(3)   Las comidas, aunque abundantes, estaban mal preparadas y el servicio dejaba mucho que desear.

Por estas circunstancias, creo completamente justificado reclamar un descuento sobre el importe total. Espero que este asunto se pueda solucionar pronto sin tener que recurrir a su central en Madrid.
En espera de su inmediata respuesta les saluda atentamente
                               Gregorio Ruiz Bermúdez

Manuel llama a su secretaria y le dicta la carta siguiente al señor Ruiz Bermúdez:

Estimado Señor:
En contestación a sus cartas de los días 15 y 22 del corriente me dirijo a Ud. para comunicarle lo siguiente:
En primer lugar, la demora en contestar a su primera carta ha sido ocasionada por la investigación minuciosa de sus quejas que ha sido llevada a cabo por nuestro representante.
En segundo lugar, nos es grato comunicarle que como resultado de sus quejas y de nuestras posteriores investigaciones, tiene Ud. derecho a recibir un descuento del 15 por ciento del importe total. Le adjuntamos un cheque por esta cantidad y esperamos que el problema se haya resuelto así de una manera satisfactoria.
Sin otro particular le saluda atentamente,
                               Manuel Hernández Trujillo
                               Director.

Exercises

1. Write in Spanish the conversation between Manuel and his representative in France about Sr. Bermúdez's complaints.

2. Comprehension

(i)   ¿Qué hace Maite después de desayunar?
(ii)   ¿Cuántas cartas recibieron?
(iii) ¿Quiénes les mandaron una tarjeta postal?
(iv) ¿De quiénes es la carta?
(v)   ¿Qué es el marido de Marisé?
(vi) ¿Qué le propone Marisé a Maite en la carta?
(vii) ¿Cuántos niños tiene la pareja?
(viii) ¿Cómo se llaman y qué edad tienen?

(ix) ¿Quién es el señor Ruiz Bermúdez?
(x) ¿Adónde fue de vacaciones?
(xi) ¿Qué problemas tuvo con el vuelo?
(xii) ¿Qué desventaja tenía su habitación?
(xiii) ¿Cómo eran las comidas en el hotel?
(xiv) ¿Qué les pide el señor Ruiz a la agencia?
(xv) ¿Cómo reaccionó Manuel?

3. Write a short letter entitled *Carta a un amigo*.

UNIT NINE

UNIT NINE

Section A
Text

La España moderna

La historia de la España moderna, cuyas raíces se encuentran en un conflicto de ideologías que remonta al menos al siglo diecinueve, comprende tres fases bien definidas: la guerra civil (1936-1939), el franquisimo (1939-1975), y la transición a la democracia (1975 hasta el presente). Es una historia caracterizada por una serie de acontecimientos sorprendentes y por un desarrollo político quizás único en el mundo occidental. Desde luego, la España moderna se asemeja en muchos aspectos a sus vecinos europeos: sufre los mismos problemas de la crisis ecónomica, el paro, el crimen, pero lo que España tiene de particular es la rapidez de su transformación en estado democrático con un gobierno socialista después de cuarenta años de dictadura efectiva de carácter marcadamente nacionalista, católico y conservador.

En el mes de abril de 1931 el rey Alfonso XIII, como consecuencia directa de la derrota de los candidatos monárquicos, salió de España, convirtiéndola así de pronto en una república democrática. En febrero de 1936, el Frente Popular (una alianza de socialistas, comunistas y republicanos de izquierdas) triunfó en las elecciones y el nuevo gobierno inició un programa social excesivamente radical para los elementos conservadores de la sociedad, que habían considerado la existencia de la república desde su establecimiento como una amenaza a su modo de vivir. Al mismo tiempo, la república había creado esperanzas en los sectores menos acomodados que resultaron difíciles de satisfacer. Una ola creciente de desorden público, simbolizado por el asesinato del líder derechista, Calvo Sotelo, en julio de 1936, fue tal vez la chispa que condujo a la conflagración. Fue sólo la culminación de varios factores: una reacción tanto a los ataques de la República contra la iglesia como al ambiente revolucionario de 1936. Además, la concesión de un estatuto de autonomía a Cataluña en 1932 parecía minar la unidad histórica de España. El 18 de julio de 1936, un grupo de jóvenes militares (sólo contaron con el apoyo de tres generales de división) se rebeló contra el gobierno legítimo, desencadenando así una lucha sangrienta y feroz que hubo de durar tres años. El país fue dividido política y geográficamente en dos zonas (republicana y nacional), pero poco a poco las fuerzas de la rebelión mejor disciplinadas y ayudadas por las potencias fascistas de Alemania e Italia, se sobrepusieron a las del gobierno. El 1 de abril de 1939, Francisco Franco, cuyo ejército africano había sido decisivo en las primeras fases de la guerra, triunfó haciéndose jefe del único partido que se permitía en España, Caudillo, Generalísimo y Jefe de Estado. El ejército había establecido la dictadura y la habría de sostener durante casi cuarenta años.

Los años posteriores a la guerra fueron muy difíciles para la mayoría de los españoles. El régimen consolidó su posición por medio de una represión sistemática de sus enemigos, y esta represión, al igual que la noción de un enfrentamiento perpetuo entre los vencedores y los vencidos, siguió siendo una característica del régimen. La economía española se encontraba en una situación precaria, situación empeorada por el aislamiento internacional de España, que se transformó en un país autoritario, católico, tradicionalista e introvertido. Al estallar la guerra civil, la sociedad española era predominantemente agraria, pero el nuevo régimen, sobre todo bajo la influencia de los tecnócratas de la organización católica, Opus Dei, dio un fuerte empuje al proceso de industrialización. Hubo un movimiento de población del campo a la ciudad. Poco a poco, España fue reconocida internacionalmente empezando por los Estados Unidos, fuente también de importantes inversiones financieras que, juntamente con el turismo y en cierta medida la emigración, estimularon un rápido desarrollo económico en los años sesenta. Los españoles empezaron a gozar de un nivel más alto de vida y esta paz y prosperidad relativas condujeron a una apatía general en cuanto al proceso político. La estabilidad del régimen se debía también al éxito de Franco en poder manipular los varios intereses del Estado. Como tenía el derecho de nombrar a todos sus ministros, concedía una porción de poder a muchos pero sin dar un monopolio a ninguno de ellos. Sin embargo, las condiciones económicas divergían cada vez más de las estructuras políticas, y en los años setenta las tensiones no tardaron en

Congreso de los Diputados — Madrid   *(courtesy of Frank Park)*

Vista — Madrid (courtesy of Frank Park)

manifestarse entre los partidarios del continuismo y los aperturistas que querían modernizar las instituciones del régimen. El problema separatista volvió a aparecer, sobre todo en el País Vasco, y su manifestación más espectacular fue quizás el asesinato del almirante Carrero Blanco, presidente del gobierno, en 1973. Además, Franco iba envejeciendo. En 1947 España había sido declarada una monarquía y en 1969 Juan Carlos, nieto de Alfonso XIII, fue nombrado sucesor de Franco. Cuando Franco murió en noviembre de 1975 las instituciones del franquismo quedaron intactas. A los pocos años ya no existían. Quien desempeñó el papel central en este proceso fue precisamente el nuevo rey.

El primer gobierno del reinado de Juan Carlos fracasó en muy pocos meses y el rey nombró a Adolfo Suárez como primer ministro. A pesar de su pasado franquista, Suárez, con el apoyo del Rey, borró los vestigios del franquismo e instaló la democracia desde arriba, y organizó las primeras elecciones democráticas en España desde 1936, en las cuales participó el recién legalizado partido comunista. Los españoles rechazaron los extremos de la derecha y de la izquierda, y la coalición de Suárez, la Unión del Centro Democrático, pudo formar un gobierno. Los socialistas, con su joven líder andaluz, Felipe González, ganaron un veintiocho por ciento de los votos. La nueva constitución, resultado de negociacones entre los partidos más importantes, estableció una monarquía constitucional y democrática. El gobierno inició la ardua tarea de solucionar el problema regional estableciendo un mecanismo para otorgar a las regiones Estatutos de autonomía, y el catolicismo dejó de ser la religión oficial del Estado. Actualmente muchos poderes han sido devueltos a las regiones. El golpe de estado de Tejero en 1981 fracasó gracias a la intervención del Rey, y en 1982, menos de diez años después de la muerte de Franco, España eligió un gobierno socialista al que confirmó en el poder por segunda vez en las elecciones de 1986. En enero de 1986, España y su vecina, Portugal, entraron en el Mercado Común, y en un referendum el pueblo español confirmó su deseo de participar en la alianza militar de la OTAN. Los problemas no han desaparecido, pero España ocupa ahora un lugar al lado de los estados democráticos de Europa y parece hacer frente al futuro con determinación y confianza.

GLOSSARY

la raíz, *root*
la ideología, *ideology*
remontar, *to go back to*
al menos, *at least*
la fase, *phase*
definir, *to define*
la guerra, *war*
el franquismo, *period of Franco's power*
la transición, *transition*
la democracia, *democracy*
la serie, *series*
el acontecimiento, *event*
sorprendente, *surprising*
occidental, *western*
asemejarse a, *to be like, resemble*
sufrir, *to suffer*
el paro, *unemployment*
el crimen, *crime*
la transformación, *transformation*
socialista, *socialist*
la dictadura, *dictatorship*
efectivo, *effective*
nacionalista, *nationalist*
conservador, *conservative*
consecuencia, *consequence*
el candidato, *candidate*
monárquico, *monarchical*
convertir, *convert*
de pronto, *suddenly*
la república, *republic*
el frente, *front*
la alianza, *alliance*
comunista, *communist*
republicano, *republican*
de izquierdas, *left-wing*

triunfar, *to triumph*
las elecciones, *elections*
el programa, *programme*
excesivamente, *excessively*
radical, *radical*
la sociedad, *society*
considerar, *to consider*
la existencia, *existence*
el establecimiento, *establishment*
el modo, *way, manner*
al mismo tiempo, *at the same time*
crear, *to create*
la esperanza, *hope*
el sector, *sector*
acomodado, *well off*
satisfacer, *satisfy*
el aumento, *increase*
el desorden, *disorder*
simbolizar, *symbolize*
el asesinato, *assassination*
el líder, *leader*
derechista, *right-wing*
tal vez, *perhaps*
la chispa, *spark*
conducir, *to lead to*
la conflagración, *conflagration*
la culminación, *culmination*
el factor, *factor*
la reacción, *reaction*
el ataque, *attack*
la iglesia, *church*
revolucionario, *revolutionary*
la concesión, *concession*
el estatuto, *statute*
la autonomía, *autonomy*
parecer, *to seem, appear*

minar, *to undermine*
militar, *military*
contar, *to count on*
el apoyo, *help, support*
el general, *general*
la división, *division*
rebelarse, *to rebel*
legítimo, *legitimate*
desencadenar, *to unchain, unleash*
sangriento, *bloody*
feroz, *fierce*
durar, *to last*
dividir, *to divide*
geográficamente, *geographically*
la fuerza, *force, power*
la rebelión, *rebellion*
disciplinar, *to discipline*
ayudar, *to help*
la potencia, *power*
sobreponerse a, *to overcome, win through*
africano, *African*
decisivo, *decisive*
caudillo, *leader, chief*
generalísimo, *supreme general*
sostener, *to uphold*
la mayoría, *majority*
el régimen, *regime*
consolidar, *to consolidate*
la posición, *position*
la represión, *repression*
sistemático, *systematic*
el enemigo, *enemy*
la noción, *notion*
el enfrentamiento, *confrontation*
perpetuo, *perpetual*
el vencido, *the conquered, vanquished*

la característica, *characteristic*
la economía, *economy*
precario, *precarious*
empeorar, *to make worse*
transformar, *to transform*
tradicionalista, *traditionalist*
introvertido, *introverted*
estallar, *to break out*
agrario, *agrarian*
la influencia, *influence*
el tecnócrata, *technocrat*
la organización, *organisation*
el empuje, *thrust, pressure*
la industrialización, *industrialization*
el movimiento, *movement*
la población, *population*
reconocer, *recognize, acknowledge*
la fuente, *source*
las inversiones, *investments*
financiero, *financial*
el turismo, *tourism*
la emigración, *emigration*
estimular, *to stimulate*
gozar de, *to enjoy*
el nivel, *level*
la paz, *peace*
relativo, *relative*
la apatía, *apathy*
la estabilidad, *stability*
deberse a, *to be due to*
manipular, *to manipulate*
el interés, *interest*
el derecho, *right*
el ministro, *minister*
conceder, *to concede*
la porción, *portion*
el monopolio, *monopoly*

GLOSSARY (cont.)

la condición, *condition*
divergir, *to differ, be opposed to*
la estructura, *structure*
la tensión, *tension*
el continuismo, *desire to continue without political change*
el aperturista, *supporter of reform and liberalisation*
modernizar, *to modernize*
aparecer, *to appear*
espectacular, *spectacular*
el almirante, *admiral*
envejecer, *to grow old*
declarar, *to declare*
el nieto, *grandson*
el sucesor, *successor*
morir, *to die*
intacto, *intact*
a los pocos años, *after a few years*
desempeñar el papel, *to play the role*
fracasar, *to fail*
el mes, *month*
a pesar de, *despite, in spite of*
borrar, *to erase, wipe out*
instalar, *to instal*
desde arriba, *from above*

organizar, *to organize*
participar, *to participate*
legalizar, *to legalize*
rechazar, *to reject*
la coalición, *coalition*
andaluz, *Andalusian*
ganar, *to win*
el voto, *vote*
la constitución, *constitution*
la negociación, *negotiation*
arduo, *arduous*
la tarea, *task*
solucionar, *to solve*
el mecanismo, *mechanism*
otorgar, *to bestow, grant*
actualmente, *at the present time*
devolver, *to give back*
el golpe de estado, *coup d'état*
la intervención, *intervention*
elegir, *to elect*
confirmar, *to confirm*
el deseo, *wish*
desaparecer, *to disappear*
al lado de, *next to, beside*
hacer frente a, *to face, confront*
la determinación, *determination*
la confianza, *confidence*

UNIT NINE

Section B
Grammatical Structures

9.1. The Imperfect Subjunctive

There are two forms of the imperfect subjunctive. Both are derived from the third-person plural of the preterite as follows:

Take away the -**ron** ending and add either (i) -**ra**, -**ras**, -**ra**, -**ramos**, -**rais**, -**ran** or (ii) -**se**, -**ses**, -**se**, -**semos**, -**seis**, -**sen**
Examples:

hablar	*beber*	*vivir*
hablaron	*bebieron*	*vivieron*
hablara/-se	bebiera/-se	viviera/-se
hablaras/-ses	bebieras/-ses	vivieras/-ses
hablara/-se	bebiera/-se	viviera/-se
habláramos/-semos	bebiéramos/-semos	viviéramos/-semos
hablarais/-seis	bebierais/-seis	vivierais/-seis
hablaran/-sen	bebieran/-sen	vivieran/-sen

Note that the imperfect subjunctive is formed in the same way for all three conjugations. Both forms are equally acceptable but it should be noted that the -**ra** form is increasingly more popular and more widely used.

9.2. The Pluperfect Subjunctive

To form the pluperfect subjunctive, the imperfect subjunctive of **haber** is combined with the past participle of the relevant verb:
Example: hubiera hablado
hubieras hablado
hubiera hablado
hubiéramos hablado
hubierais hablado
hubieran hablado

9.3. Uses of the Imperfect and Pluperfect Subjunctives

The uses of the imperfect and pluperfect subjunctives are generally similar to those already outlined for the present subjunctive (8.3). In all cases, the choice of subjunctive is governed by the tense of the main verb. Study the sequence of tenses in the following examples:
Quiero que me lo traigas.
Os dice que no vayáis.
Me sorprende que no lo hayas visto.

Quería que me lo trajeras.
Os dijo que no fuerais.
Me sorprendió que no lo hubieras visto.

Note the use of **ojalá** (*would that ...*) plus subjunctive:
¡Ojalá tuviera más dinero!

9.4. Conditional Sentences

Although the subjunctive is used in many conditional sentences, it is not used in all. For example, in the case of open conditions the indicative is necessary:
Si trabajo, me canso.
Si trabajaba, me cansaba.
In other cases, it is perhaps easiest to remember that if the main clause is in the future, the conditional clause is in the present indicative:
Si trabajo más, ganaré más dinero.
Si llueve, no saldremos.

If the main clause is in the conditional, the subordinate clause will be in the imperfect subjunctive:
> Si trabajara más, ganaría más.
> Si lloviera, no saldríamos.

In the case of pluperfects, it is quite common for two subjunctives to be used:
> Si hubiera trabajado más, hubiera ganado más.
> Si hubiera llovido, no hubiéramos salido.

9.5. Comparatives and Superlatives

(i) The comparative of an adjective or adverb in Spanish is formed by placing **más** before it:
> una chica más alta
> más lentamente
> un tren más rápido
> peras más maduras

Irregular comparatives:

Adjectives		*Adverbs*	
bueno	– mejor (más bueno)	bien	– mejor
malo	– peor (más malo)	mal	– peor
mucho	– más	mucho	– más
poco	– menos	poco	– menos

Grande and **pequeño** have the forms **mayor** and **menor** respectively as well as **más grande** and **más pequeño**. **Mayor** and **menor** are also used as comparatives in the expression of age.

Examples:
> El hijo mayor del Sr. Gómez.
> Yo tengo mucho más dinero que mi hermano.
> La novia es más alta que el novio.
> Tú lo haces mal pero él lo hace peor.

(ii) The superlative is the same as the comparative except that the definite article tends to accompany it:
> El es el peor alumno de la clase.
> Los años sesenta fueron los más felices de mi vida.

Note:

(a) **de la clase**. A Spanish **de** is used in this kind of expression where English uses *in*.
(b) Where the adjective follows the noun, the article is not repeated e.g. *la casa más grande*, *el político más importante*.

(iii) The absolute superlative is obtained by adding -**ísimo** to the last consonant of the adjective:
    rápido   – rapidísimo
    feliz   – felicísimo
    fácil   – facilísimo

(iv) Other terms of comparison:
    tan ... como ...   /tanto ... como ...
    No es tan inteligente como su hermano (with an adjective).
    No tiene tanto dinero como su hermano (with a noun).
    No trabaja tanto como dice (with a verb).
    No corre tan rápidamente como su hermano (with an adverb).

Note:

tanto ... como is used in the sense of *both ... and*:
Tanto los profesores como los alumnos se aburren en las clases.

UNIT NINE

Section B
Structural Exercises

1. Put the following into the imperfect subjunctive:

Example: *haga*
           hiciera

vaya	hayáis	traigamos	sepas
esté	dé	tengan	oigáis
quepa	veas	caigas	digan
compremos	trabaje	viva	venda
partan	pueda	cierre	pongan

2. In the following sentences, give the appropriate subjunctive form of the verb:

Example: **ir**: *Yo iré con tal de que . . . tú*
                   Yo iré con tal de que vayas tú

(i)   **venir**   : Espero que Juan .... hoy.
(ii)   **ser**   : Pedro niega que .... así.
(iii) **salir**   : Nos dijo que .....
(iv)   **hacer**   : Yo prefiero que mi madre lo .....
(v)   **tener**   : Si yo .... bastante tiempo, lo haría ahora.
(vi)   **ayudar**   : Busco un profesor que me .... con el español.
(vii) **comer**   : No me gusta; que lo .... ellos.
(viii) **nacer**   : Esto ocurrió muchos años antes de que yo .....
(ix)   **hablar**   : Es preciso que Uds. .... con el jefe hoy.
(x)   **marcharse**: Yo me quedo aquí hasta que los otros .....

3. Put the following sentences into the past:

Example: *Quiero que lo hagas*
Quería que lo hicieras

(i) No creo que se solucione así.
(ii) Le digo a María que se vaya.
(iii) Quiere persuadirnos que compremos algo.
(iv) Hace falta que estudien.
(v) Existe la posibilidad de que estalle una guerra.
(vi) Lo hacemos de modo que él no se entere.
(vii) No encuentro quien me ayude.
(viii) Tenemos miedo de que vuelva antes del anochecer.
(ix) Nos aconseja que lo hagamos en seguida.
(x) Es posible que revele la identidad del asesino.

4. In the following sentences, supply the indicative or subjunctive as appropriate:

Example: **venir** : *No quiere que Juan . . . .*
No quiere que Juan venga

(i) **querer** : Si me . . . . , dímelo.
(ii) **pedir** : Dile que . . . . perdón al profesor.
(iii) **tener** : Parece que Pedro . . . . razón.
(iv) **llover** : Es posible que no . . . . hoy.
(v) **hacer** : Dudo que . . . . sol.
(vi) **acompañar** : No encuentro quien me . . . . a la cuidad.
(vii) **haber** : Me extraña que tu marido . . . . vendido el piso.
(viii) **trabajar** : Si el profesor . . . . más, los alumnos aprenderán más.
(ix) **salir** : El se quedó hasta que yo . . . . .
(x) **llegar** : Cuando . . . . el tren, subiremos.

5. Give the comparative and superlative form of the following adjectives:

Example: *rico*
          más rico, el más rico

completo	alegre	joven	inteligente
claro	malo	fuerte	listo
bueno	trabajador	simpático	fácil
oportuno	pobre	ridículo	hermoso
triste	alto	libre	grande

6. Give the absolute superlative of the following adjectives:

Example: *gordo*
          gordísimo

rápido	lento	importante	seguro
difícil	pequeño	moreno	viejo
feliz	mono	flaco	humilde
contento	rico	mucho	enamorado
pobre	fácil	hermoso	famoso

7. Recast the following sentences changing *más .... que* to *tan(to) ... como*.

Example: Mi libro es más interesante que el tuyo
          Tu libro no es tan interesante como el mío

(i) Tengo más dinero que tú.
(ii) Juan trabaja más que Pedro.
(iii) Su coche es más viejo que el mío.
(iv) El alumno es más inteligente que el profesor.
(v) Las mujeres son más sensibles que los hombres.
(vi) Los relojes son más caros en esta tienda que en aquélla.
(vii) Las obras del filósofo son más complejas que las del físico.
(viii) Hace más calor en junio que en agosto.
(ix) La catedral de Murcia es más bella que la de Albacete.
(x) Esta maleta es más pesada que aquélla.

UNIT NINE

Section C
Language Laboratory Exercises

1. Put the following verbs into the imperfect subjunctive:

Example: *aprender*
          aprendiera

vivir	escribir	tener	dirigir
traer	poner	conducir	hacer
ir	comprar	salir	detener
vender	llover	emprender	conseguir
ser	estar	cantar	deducir

2. Give the appropriate form of the verb in the following sentences:

Example: **mandar** : *Si yo te . . . . , serías feliz.*
          Si yo te mandara, serías feliz.

(i)   **venir**   : ¡Ojalá . . . . ellos!
(ii) **ir**   : Me aseguró que no lo haría al menos que yo . . . . .
(iii) **estudiar** : Si ellos . . . . más, aprobarían los exámenes.
(iv) **trabajar** : Les dijeron que le pagarían más con tal que . . . . más.
(v)   **oír**   : Ellos dijeron que entrarían cuando . . . . la campana.
(vi) **traer**   : Le dijo que se lo diría cuando le . . . . el libro.
(vii) **empezar** : Dijo que se callaría cuando ellos . . . . a cantar.
(viii)**estar**   : Si ellos . . . . listos, saldríamos inmediatamente.
(ix) **ser**   : Si ellos . . . . más listos, sus padres serían más felices.
(x)   **hablar**   : Si Juan . . . . menos, aprendería más.

3. Put the following sentences into the past using the preterite in the main clause:

Example: *Prefiero que me lo haga*
          Preferí que me lo hiciera

(i) Te pido que vayas.
(ii) Os aconsejo que lo hagáis.
(iii) Les pido que me lo den.
(iv) Me dice que no lo escriba.
(v) Te lo digo por si vienen.
(vi) Me informa que lo comprará si le doy el dinero.
(vii) El profesor les pide a los alumnos que estudien más.
(viii) Me ordena que me quede aquí por si ellos llegan.
(ix) Os ruego que no lo hagáis.
(x) Nos pide que le escribamos.

4. Supply the subjunctive or indicative as appropriate:

Example: **venir** : *Si el tren ..., iré*
                    Si el tren viene, iré.

(i) **trabajar**   : Si ellos no ...., no ganarán dinero.
(ii) **querer**   : Si ella ...., nos casaríamos mañana.
(iii) **ir**   : Me dice que a menos que ...., no podré hablarle.
(iv) **hacer**   : ¡Ojalá lo .... ellos!
(v) **comprender** : Si lo ...., explícaselo a él.
(vi) **ponerse**   : Si me .... este vestido, no le va a gustar a él.
(vii) **estar**   : Si .... allí, se lo daríamos.
(viii) **escribir**: Cuando les ...., dales mis recuerdos.
(ix) **reanudar** : El presidente asegura que si ellos no .... el diálogo sin duda habrá guerra.
(x) **portarse**   : Con tal que os .... bien, os dejaremos tranquilos.

5. Give the comparative and superlative of the following:

Example: *bueno*
          mejor, el mejor

malo	hermoso	atractivo	claro
rápido	difícil	feo	
simpático	joven	listo	

6. Give the absolute superlative of the following:

Example: *rápido*
          rapidísimo

bueno	grande	feliz
malo	hermoso	rico
feo	fácil	
interesante	pequeño	

7. In the following sentences, change **más ... que** to **tan ... como** as follows:

Example: *Mi libro es más interesante que el tuyo.*
          Tu libro no es tan interesante como el mío.

(i) Este coche es más barato que aquél.
(ii) Su casa es más grande que la mía.
(iii) Mi hermano es más listo que yo.
(iv) Pilar es más guapa que Carmen.
(v) Vuestros hijos son más buenos que los nuestros.
(vi) La familia Gómez es más rica que la familia González.
(vii) Los ejercicios de Juan son más fáciles que los de Pedro.
(viii) Antonio es más tranquilo que Juan.
(ix) Madrid es más grande que Sevilla.
(x) Las manzanas son más caras que las naranjas.

8. Repeat the following sentences:

(i) Si el gobierno tuviera éxito, la democracia se establecería de una vez.
(ii) ¡Ojalá tuviésemos dinero para comprar todo lo que queremos!
(iii) A menos que llueva, saldremos esta tarde a dar un paseo.
(iv) Me gustaría que vinieras para que ellos te pudieran conocer.
(v) Este ha sido un año malísimo, mucho peor que los anteriores.
(vi) El conduce mucho mejor que yo.
(vii) Si vienes a ver esa película, te aseguro que la encontrarás interesantísima.
(viii) No me digas más que lo haga.
(ix) Si me lo pides, lo haré.
(x) Pase lo que pase, nos quedaremos aquí hasta que vengan.

UNIT NINE

Section D
Consolidation and Development

Manuel y Maite quieren cambiar su coche por un modelo más nuevo. Hace cuatro años que tienen un Seat y les gustaría comprar un coche más grande y más rápido. El modelo que más les atrae es el nuevo Renault, con cinco velocidades. Después de probar varios modelos y de leer los folletos, deciden volver a la agencia para dar un último vistazo antes de decidirse.

EMPLEADO: Buenos días, señores.
MANUEL: Buenos días, aquí estamos otra vez para examinar ese cochecito del que ya hablamos.
EMPLEADO: ¡Ah sí! El nuevo Renault. Desde que estuvieron Uds. aquí hemos vendido unos seis. Pero todavía tenemos el modelo que Uds. prefieren, el verde claro. ¿Quieren Uds. probarlo otra vez? Está en frente del garaje y aquí están las llaves.
MANUEL: Sí, queremos. Pero antes de nada, vamos a hablar de lo importante. ¿Cuánto me darían por mi Seat, que tiene cuatro años?
EMPLEADO: ¿Lo tienen aquí?
MANUEL: Sí, está aquí mismo, en la calle.
EMPLEADO: Bueno, vamos a verlo ... Pues sí, lo tienen muy bien cuidado. ¿Cuántos kilómetros marca el reloj? Sólo unos cuarenta y cinco mil. No está mal.
MANUEL: No lo hemos usado mucho.
EMPLEADO: Bien. Si quieren entrar, consultaremos la última lista de precios de coches de segunda mano. No es tan fácil vender esos modelos de Seat porque ya no los fabrican pero vamos a ver lo que podemos ofrecerle. Doscientas cincuenta mil, doscientas setenta y cinco mil, pero teniendo en cuenta la buena condición de su coche y el modelo que van a comprar, le podemos descontar trescientas mil pesetas.

MANUEL: Y la diferencia que tengo que pagar son unas seiscientas cincuenta mil pesetas. Esto me parece muy razonable. Mi mujer y yo iremos a almorzar, haremos algunos cálculos y le llamaré esta tarde.
EMPLEADO: Muy bien señores. Hasta luego.

Durante el almuerzo hablan del asunto y deciden comprar el coche, pero antes tienen que ir al banco porque necesitarán un préstamo.

DIRECTOR: Muy buenas tardes. Pasen Uds. por aquí. ¿En qué puedo servirles?
MANUEL: Estamos a punto de comprar un coche nuevo y necesitamos un préstamo para cubrir una parte del importe total.
DIRECTOR: En principio, no veo ningún problema. Tienen cuenta corriente en esta sucursal, ¿verdad?
MANUEL: Sí, claro. Y antes teníamos una cuenta con este banco en Madrid.
DIRECTOR: Ahora mismo la secretaria nos traerá detalles de su cuenta. Dígame, ¿actualmente tienen otros préstamos?
MANUEL: Pues no, tengo mi tarjeta de crédito, que no uso con mucha frecuencia,y la hipoteca.
DIRECTOR: ¡Ah sí! Lo tengo apuntado todo aquí. Y su sueldo también. ¿Va a subir pronto?
MANUEL: Sí. En octubre subirá en un quince por ciento.
DIRECTOR: Y usted, Señora Hernández, aún sigue sin trabajo.
MAITE: Desgraciadamente sí, señor, pero tengo una entrevista la semana que viene en un colegio. Espero que me den el puesto.
DIRECTOR: Bien, y ¿cuánto necesitan Uds.?
MANUEL: El coche cuesta novecientas cincuenta mil pesetas. Por mi antiguo coche me dan trescientas mil. Yo tengo ahorradas doscientas mil y estoy dispuesto a invertirlas. ¿Nos podría facilitar cuatrocientas cincuenta mil pesetas?
DIRECTOR: Pues sí. No creo que haya problema. Le podemos dar un plazo de tres años a un interés del doce por ciento anual. Serían unas diecisiete mil pesetas al mes. ¿Qué les parece?
MANUEL: Pues muy bien. ¿Podremos seguir adelante con la compra?
DIRECTOR: Sí, por supuesto. Prepararemos los papeles en seguida, y pueden firmarlos antes de marcharse. La cantidad será descontada automáticamente de su cuenta todos los meses. No tienen que hacer ninguna otra cosa.

MANUEL: Muchas gracias por su ayuda. Ha sido muy amable.
DIRECTOR: De nada, señores.

Suena el teléfono en el garaje:

EMPLEADO: Dígame.
MANUEL: Aquí Manuel Hernández. Hemos hecho los trámites necesarios y confirmo que definitivamente queremos el coche.
EMPLEADO: Pues me alegro, señor. Hoy es jueves. Le tendremos el coche listo para el sábado por la mañana. Puede Ud. pasar por aquí a la hora que le convenga.
MANUEL: Muy bien. Hasta el sábado entonces.

Exercises:

1. Turn the following extract from the passage into indirect speech beginning "Manuel le dijo al director...".

MANUEL: Estamos a punto de comprar un coche nuevo y necesitamos un préstamo para cubrir una parte del importe total.
DIRECTOR: En principio, no veo ningún problema. Tienen cuenta corriente en esta sucursal, ¿verdad?
MANUEL: Sí, claro. Y antes teníamos una cuenta con este banco en Madrid.
DIRECTOR: Ahora mismo la secretaria nos traerá detalles de su cuenta. Dígame, ¿actualmente tienen otros préstamos?
MANUEL: Pues no, tengo mi tarjeta de crédito, que no uso con mucha frecuencia, y la hipoteca.
DIRECTOR: ¡Ah sí! Lo tengo apuntado todo aquí. Y su sueldo también. ¿Va a subir pronto?
MANUEL: Sí. En octubre subirá en un quince por ciento.
DIRECTOR: Y usted, Señora Hernández, aún sigue sin trabajo.
MAITE: Desgraciadamente sí, señor, pero tengo una entrevista la semana que viene en un colegio. Espero que me den el puesto.

2. Comprehension:

(i) ¿Por qué quieren comprar un coche nuevo Manuel y Maite?
(ii) ¿Qué tipo de coche tienen y cuál quieren comprar?
(iii) ¿De qué color es el coche que quieren comprar?
(iv) ¿En qué condición está el coche de Manuel y Maite?
(v) ¿Qué cantidad les ofrece el empleado por su coche.
(vi) ¿Para qué tienen que ir al banco Manuel y Maite?
(vii) ¿Cómo les recibe el director?
(viii) ¿Qué preguntas les hace el director?
(ix) ¿Cuánto les va a costar el préstamo cada mes?
(x) ¿Para cuándo estará listo el coche?

3. Write a short essay entitled *Los medios de transporte*.

UNIT TEN

UNIT TEN

Section A
Text

El mundo hispánico

Más de trescientos millones de personas hablan el español en el mundo hoy y la mayoría de ellas viven muy lejos de la cuna de civilización hispánica, la península ibérica. La difusión y la importancia de la lengua española en el mundo moderno se debe enteramente al éxito de la política expansionista española del siglo dieciséis, la cual estableció el español como la lengua oficial de casi todos los países de América del Sur. Además, cuando se considera que el portugués, también como consecuencia de los viajes de descubrimiento emprendidos en la misma época, es hablado por ciento cincuenta millones de personas en Brasil, Mozambique, Angola y Goa, además de Portugal y las Azores, se comprende claramente la vitalidad extraordinaria de las lenguas hispánicas en el siglo veinte. En el breve resumen del mundo hispánico que sigue, nos limitaremos, sin embargo, a una consideración de los países de habla española.

América Latina, tal como la definimos actualmente, se extiende desde la frontera meridional de los Estados Unidos hasta el Cabo de Hornos e incluye también las islas del Mar Caribe. Sin embargo, cuando nos referimos a América Latina normalmente queremos indicar la veintena de repúblicas que constituyen la realidad política del subcontinente hoy en día y que nacieron de los vestigios de los antiguos imperios español y portugués. En total, comprenden una población de trescientos cincuenta millones de personas. Por supuesto, las repúblicas sudamericanas se diferencian entre sí: cada una tiene su propia cultura, su propia historia con sus tradiciones y sus héroes, y su distinta personalidad. Sin embargo, se puede considerar América Latina como si fuera una entidad total, que comparte rasgos comunes. Por ejemplo, estas gentes comparten una herencia ibérica que se manifiesta no sólo en la lengua sino en el carácter y el modo de vivir. Además, tienen la peculiar suerte de ocupar un subcontinente inmenso, enormemente rico en recursos naturales, que sin duda desempeñará un papel de creciente importancia en la política y economía mundiales.

Las características geográficas influyeron no poco en moldear el carácter específico de América Latina. El subcontinente está dominado por montañas que siempre han servido de barreras formidables entre los varios centros de población. Una de las consecuencias más notables de este fenómeno es la creación de las diferentes repúblicas. Cuando los habitantes del llamado Nuevo Mundo luchaban por su independencia, cada región produjo sus líderes y peleó por su propia autonomía. Se puede decir entonces que las fronteras de las repúblicas modernas se establecieron en gran parte debido a las peculiares circunstancias geográficas. Las montañas han dificultado también las comunicaciones, y aunque naturalmente hay vías de comunicación – las carreteras y los ferrocarriles, y hoy en día el avión – hay muchas partes que son de muy difícil acceso.

Bien sabido es que Cristóbal Colón, habiendo persuadido a los Reyes Católicos, Fernando e Isabel, a apoyar su viaje transatlántico, salió del puerto español de Palos el 3 de agosto de 1492 con rumbo a las Indias. Colón, al desembarcar en una isla del Mar Caribe el 12 de octubre de 1492, pensó que había llegado a Asia. De allí, el nombre de indios que denomina las razas indígenas del Nuevo Mundo. No se debe pensar que los sudamericanos son simplemente europeos trasladados a una nueva región. Antes de la llegada de los españoles y los portugueses, vivían allí razas indígenas. Existían, en términos generales, dos grandes civilizaciones, la de los Incas que vivían en los Andes y la de los aztecas en América Central. En otras partes, había razas menos desarrolladas. Estos indios ayudaron a los españoles a adaptarse al nuevo medio. Los españoles, a su vez, ofrecieron a América Latina su cultura, su religión católica, su sistema de leyes y administración. Gracias a los contactos entre españoles e indios, y a los matrimonios entre los invasores y mujeres indígenas, se produjo una nueva mezcla de razas, el mestizo, ni español ni indio.

Después de los exploradores vinieron los conquistadores, atraídos por el deseo de ganar fama y riqueza. Uno de los primeros actos de los conquistadores fue el de fundar ciudades, por ejemplo, Quito en 1534, Asunción en 1537, Bogotá en 1538, trazadas al estilo español, con cabildo y regidores.

Colón — Madrid *(courtesy of Frank Park)*

Cibeles — Palacio de las Comunicaciones — Madrid *(courtesy of Frank Pa*

En poco más de cincuenta años después de que los primeros españoles pusieron pie en América, los nuevos territorios, con la excepción de la pampa argentina, se encontraban firmemente bajo el dominio español. España gobernó América Latina sin grandes dificultades durante tres siglos, pero a principios del siglo diecinueve la situación se transformó radicalmente. Unos movimientos revolucionarios se formaron en Méjico y en otras partes, y en menos de quince años, no le quedaba a España nada de su vasto imperio sino las islas de Cuba y Puerto Rico. Las guerras de independencia condujeron a la creación de diecisiete nuevas repúblicas (un sistema federal al estilo de los Estados Unidos nunca se hizo una realidad a pesar de los ideales de algunos sudamericanos). Una vez conseguida la independencia, se inició la tarea sumamente difícil de gobernar las nuevas repúblicas. Estas no estaban preparadas para los procesos democráticos, se mantenían las antiguas estructuras sociales que databan de la época colonial y existían grupos fuertes que no se dejaban gobernar fácilmente. La consecuencia fue una serie de dictaduras: es la época del caudillismo. El curso siguiente de la historia de América Latina es de inestabilidad política, frecuentes golpes de estado, falta de instituciones democráticas, enormes desigualdades en la distribución de riquezas. Sin embargo, ha habido también avances enormes en el campo comercial e industrial y América Latina puede verse como una conglomeración de estados modernos, preparados para desempeñar un papel significante en los asuntos del mundo actual. Se puede decir incluso que el subcontinente va reemplazando a España como foco de interés de la nueva generación de hispanistas por su vitalidad cultural y artística. Los latinoamericanos mismos parecen tener mucha confianza en su destino mundial y viven con plena conciencia de su papel quizás decisivo en los acontecimientos que moldearán el mundo nuevo.

GLOSSARY

la cuna, *cradle*
el descubrimiento, *discovery*
emprender, *to undertake*
el resumen, *resumé*
breve, *short, brief*
la frontera, *boundary, frontier*
meridional, *south*
antiguo, *old, former*
común, *common*
compartir, *to share*
la herencia, *inheritance*
la suerte, *luck*
creciente, *growing, increasing*
moldear, *to mould, fashion*
la barrera, *barrier*
luchar, *to struggle*
pelear, *to fight*
debido a, *due to*

la carretera, *road*
el ferrocarril, *railway*
el avión, *aeroplane*
el rumbo, *destination*
la mezcla, *mixture*
atraer, *to attract*
la fama, *fame*
el cabildo, *town council*
el regidor, *councillor*
la pampa, *prairie*
a principios de, *at the beginning of*
conseguir, *to achieve, attain*
la desigualdad, *inequality*
el avance, *advance*
reemplazar, *to replace*
el destino, *destiny*
la conciencia, *awareness*

UNIT TEN

Section B
Grammatical Structures

10.1. Por and para

These two words are often confused by those learning Spanish, and it is best to bear in mind that **para** usually translates *for, to, in order to*, and **por**, *by, through, because of*, though this distinction is by no means absolute as **por** also translates *for* in certain cases. Consider the following examples.

    ¿Por qué saliste?   – For what reason (why) did you go out?
    ¿Para qué saliste?   – For what purpose did you go out? (i.e. to do what?)

    Lo hice por mi hermano – because of my brother, in place of my brother, on account of my brother
    Lo hice para mi hermano– for my brother

    Trabajo para vivir   – I work in order to live
    Trabajo por el dinero   – I work for money

Further examples of the uses of **por** and **para**:
    Salió para ir al trabajo.
    Estudian para el examen de química.
    Estas flores son para mi novia.
    No sirve para nada.

By: La casa está vigilada por la policía.
    Mandé el paquete por avión.
    Se casaron por lo civil.
    Salió por la puerta de atrás.

For: Lo hice por ti (i.e. for your sake).
Pagué diez libras por este libro.
Se lo regalé a Juan por su cumpleaños.
Por un momento.
Muertos por la patria.
Voy a cambiar este libro por otro.

10.2. Diminutives and Augmentatives

Diminutives and augmentatives are common in Spanish, particularly the diminutives which not only suggest smallness but also have affective connotations:
(i) the most frequent diminutive endings are -**ito**, -**cito**, -**ecito**, -**ececito**, **illo**, -**ecillo**, -**ececillo**, and -**ico**, -**ín**, -**ino**, -**iño**:

    niñita   pobrecillo
    Luisito   pueblecito
    mujercita   chiquitín

(ii) the most frequent augmentative endings are -**ón**, -**ote**, -**azo**, -**acho**:

    hombrón
    hombrote
    ricacho

Augmentatives are generally less frequent than diminutives and often tend to change the meaning of a word e.g. silla (*chair*), sillón (*armchair*); codo (*elbow*), codazo (*blow with elbow*).

10.3. Orthography–Changing Verbs

Some Spanish sounds have more than one written form as a result of which some verbs have to undergo a change of spelling in order to preserve a constant sound. These verbs are known as orthography – changing verbs.

The main changes are illustrated by the following examples:

(i)   *Preterite*   *Present Subjunctive*
    enroscar: enrosqué   enrosque etc.
    enlazar: enlacé   enlace etc.
    pegar: pegué   pegue etc.
    averiguar: averigüé   averigüe etc.

It should therefore be noted that these changes in the preterite and present subjunctive of -**ar** verbs take place in order to preserve the **c, z, g** and **gu** sounds of the infinitive when followed by **e**.

(ii)
	Present Indicative	*Present Subjunctive*
delinquir:	delinco	delinca etc.
convencer:	convenzo	convenza etc.
obedecer:	obedezco	obedezca etc.
extinguir:	extingo	extinga etc.
escoger:	escojo	escoja etc.

These changes in the present indicative and present subjunctive take place in order to preserve the **qu, c, gu** and **g** sounds of the infinitive when followed by **o** and **a**.

Note also the following changes:
(i) In some -**iar** verbs an accent is required when the stress falls on the **i**:
Example: confiar – confío
(ii) In some -**uar** verbs an accent is required when the stress falls on the **u**:
Example: situar – sitúo
(iii) In -**eer** verbs the **i** of the endings -**ió** and -**ie**- changes to **y** because in Spanish an unstressed -**i** is never found between two vowels:
Examples: leer   – leyó   – leyeron   – leyera   – leyendo
            creer – creyó – creyeron – creyera – creyendo
(iv) In -**uir** verbs the **i** of the endings -**ió** and -**ie**- changes to **y**, and **y** is also inserted whenever the ending does not begin with an **i**:

Examples: huir   – huyo   – huye
            huyamos   – huyera – huyendo

10.4. Verbs Governing Prepositional Objects

There are three particular categories of which one needs to be aware when considering verbs followed by prepositions:
(i) In some cases the preposition corresponds to the English equivalent:
Examples: Habla de la posibilidad de aprobar los exámenes.
Me refiero al artículo citado.

(ii) In a large number of cases, however, there is no correspondence between English and Spanish, and these have to be gradually learned through practice and usage. Note the following:

    acabar con   – to put an end to
    alimentarse de – to feed on
    arrimarse a   – to lean against
    asomarse a   – to appear at, to look out of
    consistir en   – to consist of
    contar con   – to rely on
    dar con   – to come across
    depender de   – to depend on
    enamorarse de – to fall in love with
    soñar con   – to dream about
    pensar de   – to think of (i.e. have an opinion)
    pensar en   – to think of (i.e. about)

(iii) Also note that some verbs which take a direct object in English take a prepositional object in Spanish and vice versa.
Examples:

    acordarse de – to remember
    carecer de   – to lack
    entrar en   – to enter
    aprobar   – to approve of
    escuchar   – to listen to
    esperar   – to wait for
    buscar   – to look for

Verbs which carry a preposition in English but not in Spanish will nevertheless need a personal **a** if the object is a person e.g. *el catedrático aprobó al alumno a la tercera.*

UNIT TEN

Section B
Structural Exercises

1. Give the first-person singular subjunctive of the following verbs:

Example: *buscar*
busque

enroscar	pagar	situar	enviar
delinquir	coger	huir	apaciguar
enlazar	confiar	vencer	variar
convencer	enfriar	argüir	conocer
llegar	recoger	distinguir	cazar

2. In the following sentences, supply **por** or **para** as appropriate:

Example: *El lo trae . . . . . mí*
El lo trae para mí

(i) El estudia . . . . . aprobar los exámenes.
(ii) Ellos se esforzaron . . . . . lograr la victoria.
(iii) El tren salió . . . . . Madrid.
(iv) Vamos a España . . . . . tres semanas.
(v) . . . . . vivir hay que comer.
(vi) Ellos lo hicieron . . . . . mí.
(vii) Cinco . . . . . dos son diez.
(viii) Le invitaron . . . . . lo simpático que es.
(ix) Todo esto es . . . . . Uds.
(x) No estaba listo . . . . . salir cuando llegué.

3. Give the diminutives of the following:

Example: *perro*
          perrito

pequeño	momento
iglesia	corazón
Luis	gato
hijo	poco
hombre	pedazo

4. Give the augmentatives of the following:

Example: *grande*
          grandote

hombre	palabra
muchacho	corazón
libro	animal
macho	tacón
codo	tapón

5. In the following sentences, put the verbs in the conditional and the subject nouns in the feminine:

Example: *El niño llora*
          La niña lloraría

(i)   El hombre llega pronto.
(ii)   Los niños comen chocolate.
(iii) El profesor explica la lección.
(iv)   El señor llama al criado.
(v)   El vendedor abre la tienda.
(vi)   El chico estudia mucho.
(vii) El perro ladra.
(viii) El joven llora.
(ix)   El marido trabaja en la agencia.
(x)   El vende muchos artículos.

6. In the following, supply the appropriate prepositions:

Example: *Acabamos .... hacerlo*
           Acabamos de hacerlo

(i)   El habla mucho .... sus proyectos.
(ii)   La vimos cuando se asomó .... la ventana.
(iii) No cuentes .... nadie.
(iv)   Juan se ha enamorado .... Teresa.
(v)   No se acordó .... leerlo antes de venir.
(vi)   Entraron .... el cuarto sin llamar.
(vii) La familia Gómez no carece .... nada.
(viii) Al volver la esquina dimos .... él.
(ix)   Todo depende .... lo que él decida.
(x)   El es un hombre que disfruta mucho ... la vida.

7. Put the following into the past tense:

Example: *El es quien debe hacerlo*
           El es quien debía hacerlo

(i)   Lo hago por Uds.
(ii)   Manuel es director de la firma.
(iii) Me dice que me lo dará cuando lo termine.
(iv)   Busco alguien que me ayude.
(v)   Ellos le aconsejan que se marche pronto.
(vi)   Siempre que estoy en Madrid voy a ese café.
(vii) El se opone decididamente a que participemos.
(viii) Ellos nos dejan solos con tal que no hablemos.
(ix)   Nos reciben de manera acogedora por lo que quieren que hagamos.
(x)   Quiere que le escriba todos los días cuando esté en el extranjero.

8. Supply **ser** or **estar** as appropriate in the following sentences:

Example: *El niño ..... enfermo.*
           El niño está enfermo

(i)   Como no ..... seguros, no lo hacemos.
(ii) Las puertas y las ventanas ..... todas abiertas hoy.
(iii) Esta es una casa muy vieja pero ..... bien modernizada.
(iv) Si ..... allí con ellos, serían muy felices.
(v)   Si ..... ricos, siempre irían de vacaciones.
(vi) Esta vida ..... muy aburrida.
(vii) Sus abuelos ..... famosos pero ellos ..... poco conocidos.
(viii) El niño ..... muy malo y cada día ..... peor.
(ix) ¡Ojalá ..... rey!
(x)   Ella ..... muy joven para los años que tiene.

UNIT TEN

Section C
Language Laboratory Exercises

1. Give the first-person singular subjunctive of the following verbs:

Example: *sentir*
           sienta

empezar	desviar	cazar	distinguir
pagar	averiguar	enfriar	ensalzar
traer	chillar	obligar	ligar
coger	chirriar	endulzar	huir
reconocer	entroncar	liar	cargar

2. In the following sentences, supply **por** or **para** as appropriate:

Example: *Acabo .... consentir*
           Acabo por consentir

(i)   Me invitó ..... una semana.
(ii)   Pagué seis pesetas ..... el sello.
(iii) Le admiro ..... su sabiduría.
(iv)   Estudio ..... aprender.
(v)   Estudio ..... el amor de estudiar.
(vi)   Aprovecho la ocasión ..... saludarle.
(vii) Estos chocolates son ..... mi madre.
(viii) Se lo expliqué ..... carta.
(ix)   Voy a mi cuarto ..... descansar.
(x)   Perdí el tren ..... no haberme levantado a tiempo.

3. Give the diminutive of the following:

Example: niña
           niñita

hombre   casa
pequeño   hermana
hijo   rato
mujer   copa
pueblo   paloma

4. Give the augmentatives of the following:

Example: hombre
           hombrón

coche   silla
grande   codo
rico   pelma
libro   macho
palabra   soltero

5. In the following sentences, put the verbs in the conditional and the appropriate nouns in the feminine:

Example: *El profesor explica la lección*
           La profesora explicaría la lección

(i)   El actor ensaya su papel.
(ii)   El dueño abre a las nueve y media.
(iii) El peluquero llega antes que el cliente.
(iv)   Los monjes hacen voto de silencio.
(v)   El pintor francés visita Madrid cada año.
(vi)   Mis hijos cultivan un pedazo del jardín.
(vii) El rey es omnipotente en este país.
(viii) Tengo el marido más trabajador del mundo.
(ix)   El alumno estudia biología.
(x)   El patrón es muy viejo; tiene unos ochenta años.

6. In the following sentences, supply the appropriate prepositions:

Example: *Siempre sueña .... ser rico*
           Siempre sueña con ser rico

(i)   Juan se casó .... María.
(ii)   Me opongo .... que te vayas con ellos.
(iii) Mi ventana da .... la plaza.
(iv)   Se esforzó .... hacerlo bien.
(v)   No me olvidaré nunca .... ti.
(vi)   Hay que resistir siempre .... la tentación.
(vii) Cuando lleguemos .... Madrid, buscaremos un hotel.
(viii) Vamos a jugar .... fútbol.
(ix)   Di .... el cartero en la calle.
(x)   No te rías .... mí.

7. In the following sentences, supply the appropriate tense of **ser** or **estar**:

Example: *Mi madre .... profesora desde hace muchos años*
           Mi madre es profesora desde hace muchos años

(i)   El soldado .... herido en la guerra pero no murió.
(ii)   La tienda .... cerrada hoy.
(iii) Si yo .... joven, iría a los estados Unidos.
(iv)   El suelo del café .... muy sucio hoy.
(v)   Este edificio .... un restaurante; antes .... un banco.
(vi)   .... las cuatro y media cuando llegó el tren.
(vii) Cuando yo vivía en Madrid, ese banco no .... allí.
(viii) ¿Quién .... allí hoy?
(ix)   No te preocupes. Todo .... bien ahora.
(x)   Si Juan .... aquí, nos podría ayudar.

8. Repeat the following sentences:

(i) Después de bañarnos, tendremos buen apetito.
(ii) Manuel se tumbó en la cama y se durmió en seguida.
(iii) Os recomiendo un hotel muy bueno en el centro de Vigo.
(iv) De rodillas delante del altar mayor, Rosario rezaba.
(v) La flota española zarpó de Cartagena el lunes pasado.
(vi) No me gustan los viajes en tren; prefiero ir en coche.
(vii) Si no hubiera llovido, habríamos salido a dar un paseo.
(viii) Los granjeros de Extremadura trabajan de sol a sol.
(ix) Mi primo quiere ser ingeniero pero su padre quiere que sea médico.
(x) Esta lección resultó dificilísima para los que no siguieron el curso con suficiente interés.

UNIT TEN

Section D
Consolidation and Development

Ha llegado el día de la entrevista de Maite. Se levanta temprano pero no toma casi nada para desayunar porque está nerviosísima. La entrevista es a las diez de la mañana y de camino a la oficina Manuel la lleva al colegio en su nuevo coche. Maite se sienta en la sala de espera en compañía de otras tres chicas más o menos de su edad que también solicitan el puesto. Es un colegio privado y aunque algunas de las profesoras son monjas, la mayoría, incluyendo la directora, son seglares.

DIRECTORA: Buenos días, señora Hernández. Siéntese por favor.
MAITE: Buenos días.
DIRECTORA: ¿Cuánto tiempo hace que está en Sevilla?
MAITE: Hace ocho meses. Antes vivíamos en Madrid donde yo era profesora en el instituto San Isidro. Nos trasladamos aquí porque mi marido obtuvo el puesto de director en una agencia de viajes. Desde que llegamos aquí me he dedicado a la casa pero ya deseo volver a trabajar y por eso he solicitado este puesto.
DIRECTORA: Muy interesante. Veo que se licenció en la Facultad de Filosofía y Letras de la Universidad de Madrid. ¿Ha visitado Inglaterra con frecuencia?
MAITE: Sí, claro. Como también podrá observar Ud., pasé un año allí inmediatamente después de terminar el curso como lectora en el departamento de español de la universidad de Hull, y desde entonces he tratado de volver por lo menos una vez cada dos años. Cada vez que voy procuro visitar una nueva región. Es un país encantador pero ¡ojalá no lloviera tanto!
DIRECTORA: Además de dar clases de inglés, ¿estaría dispuesta a participar en otras actividades del colegio?
MAITE: Sí, sí, me entusiasma el deporte y me gustaría ayudar con algún club, por ejemplo, de tenis. También toco el violín, no muy

bien por cierto, pero para una orquesta de colegio creo que podría pasar.

DIRECTORA: Muy bien. Consideramos importante que las profesoras participen en la vida del colegio. Pero volviendo a la enseñanza del inglés, me imagino que tendrá experiencia en los laboratorios de lengua.

MAITE: Sí, bastante, y además tengo mucha fe en su eficacia. Tengo grabados varios programas de la BBC que me han sido muy útiles. Además, si hay lectora de inglés es muy conveniente grabar cintas para el uso de las alumnas.

DIRECTORA: En cuanto a la cuestión de lectoras, puesto que éste es un colegio relativamente pequeño, no disponemos de los fondos necesarios para pagar a una lectora cada año. Pero, da la casualidad que en mi calle vive una señora inglesa que se ha ofrecido a venir al colegio unas horas cada semana para hablar con las alumnas. Es una señora encantadora y creo que ayudará mucho. En cuanto al laboratorio de lenguas, tenemos uno bastante moderno que instalamos hace sólo dos años, y lo podrá ver luego cuando le enseñemos el colegio. Yo no tengo más que preguntarle a Ud. ¿Tiene Vd. algunas preguntas que hacerme a mí?

MAITE: Sí, ¿me podría decir cuántas alumnas hay en el colegio y cuántas estudian inglés, y hasta qué nivel?

DIRECTORA: En el colegio hay cuatrocientas veinte chicas. Todas tienen que estudiar inglés para el bachillerato y en COU la mitad de ellas continúan con el inglés, es decir, unas treinta chicas por curso.

MAITE: Ah, muy bien, así que el inglés es una de las asignaturas más importantes. Me imagino que también habrá una buena biblioteca.

DIRECTORA: Por supuesto, y más grande de lo que se podría esperar de un colegio de este tamaño.

MAITE: Muy bien. Gracias. No tengo más que preguntar.

DIRECTORA: Eso es todo por ahora. ¿Si le ofreciéramos el puesto lo aceptaría?

MAITE: Sí, sí. Me gusta mucho el ambiente aquí y puedo asegurarle que lo aceptaría con mucho gusto.

DIRECTORA: Muy bien. Como Ud. sabe tengo que entrevistar a otras candidatas y después decidiré. Si quiere llamarme mañana por la mañana le comunicaré mi decisión.

MAITE: De acuerdo. Así lo haré. Adiós y muchas gracias.

DIRECTORA: Adiós, Señora Hernández.

Exercises:
1. Write in Spanish Maite's account of the interview.
2. Comprehension:
   (i) ¿Cómo fue Maite al colegio:
   (ii) ¿Qué tipo de colegio es?
   (iii) ¿Desde hace cuánto tiempo está Maite en Sevilla?
   (iv) ¿Por qué ha solicitado Maite el puesto?
   (v) ¿Dónde se licenció Maite?
   (vi) ¿Visita Maite Inglaterra con frecuencia?
   (vii) ¿Qué queja tiene Maite acerca de Inglaterra?
   (viii) ¿A qué actividades estaría dispuesta Maite a dedicarse en el colegio?
   (ix) ¿Quién desempeña el papel de lectora en el colegio?
   (x) ¿Cuántas alumnas estudian el inglés?
3. Write a short essay entitled *La enseñanza*.